getmapping España

nowtilus geonatura

costa del sol
ATLAS VISUAL

MAR
MEDITERRÁNEO

Torremolinos

Málaga

Torrox

Nerja

Vélez-Málaga

PARQUE NATURAL
MONTES DE MÁLAGA

Archidona

Alhama de Granada

Loja

Churri

N-331

N-331

N-340

A-356

A-335

A-335

A-335

A-338

A-92

A-92

Comparación de escalas - Comparison of scales

Escala - Scale 1: 5.000

Escala - Scale 1: 20.000

Escala - Scale 1: 2.500

Modelo de escala - *Photographic scale model* 1:2.500

Escala · *Scale* 1:2.500

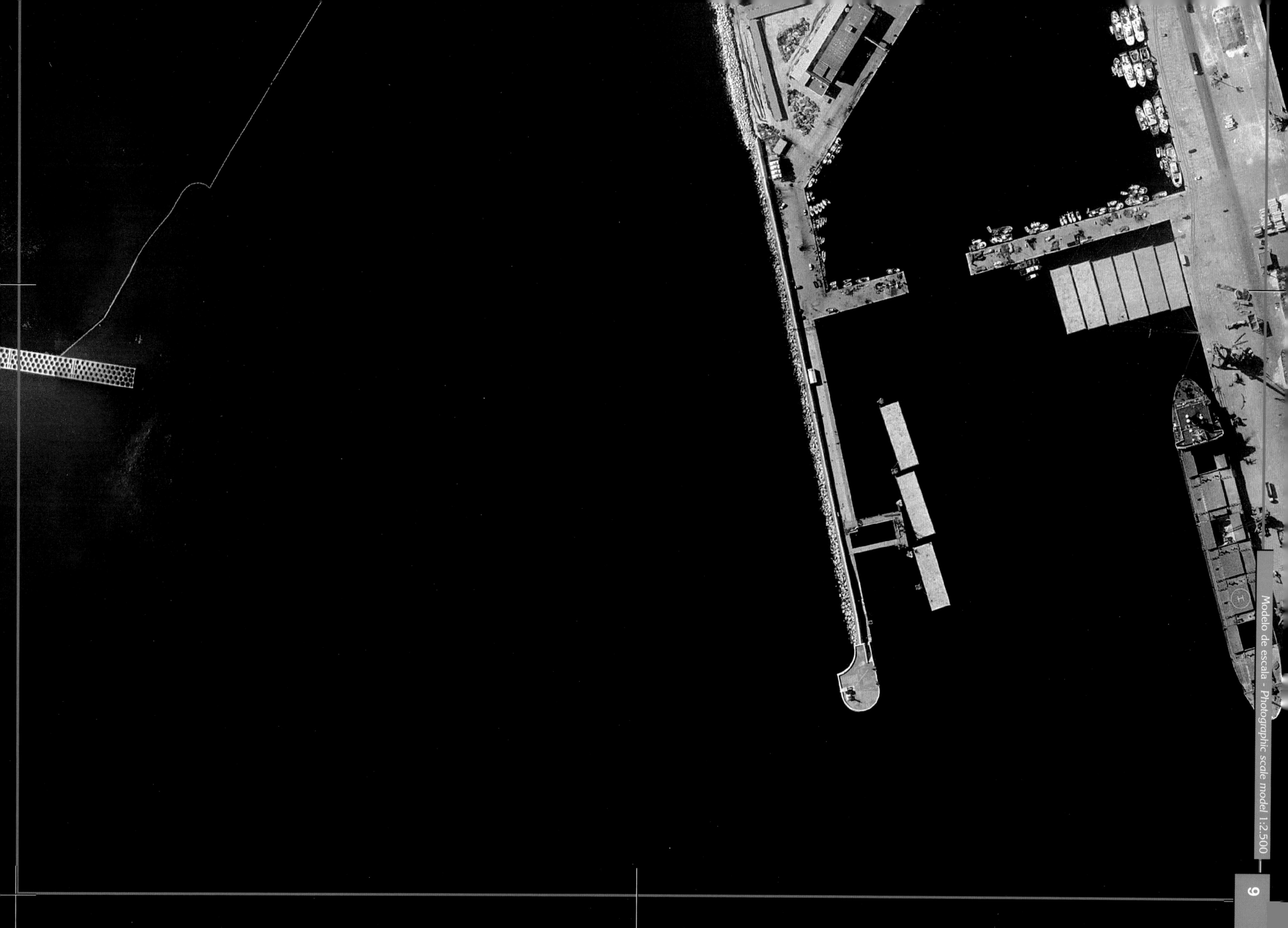

Modelo de escala Photographic scale model 1:2.500

Serie: Nowtilus Geonatura
Colección: Atlas Visual
Título de la obra: Atlas Visual de la Costa del Sol
www.atlasvisual.com

Editor: Santos Rodríguez
Director de proyecto: Gilberto Sánchez
Coordinador de cartografía: José María Tejero
Coordinadora editorial: Juana Gandía
Diseño y maquetación: Juan José Cañas
Marketing y Comunicación: Isabel Sánchez
Producción: C. D. FORM S.L.

Getmapping España: Nick Croydon
Pedro Planas
José María Uñón
Natalia Lirón

Colaboradores: Gerardo Matallana, Javier García,
Ernesto García, Pedro Barrientos, Luís Miguel Pérez

Contenido original: Fotografía aérea © 2003 Getmapping España
Cartografía vectorial © 2003 Maptel Networks, S.A.U.

Editado por: Ediciones Nowtilus S.L.
www.nowtilus.com

Copyright de la edición: © 2003, Ediciones Nowtilus S.L.
Doña Juana I de Castilla, 44 3º-C, 28027 Madrid
© 2003, Getmapping España
Moscatelar 29 bis, 28043 Madrid
www.getmapping.es

Imprime: Printed in Spain
Varoprinter

ISBN: 84-9763-033-5
Depósito legal: S. 998-2003
EAN: 978 849763033-7
Cod. Nowtilus: 0501003031
Fecha de edición: Noviembre 2003

Introducción Introduction

La Costa del Sol, que abarca la totalidad de la costa de Málaga y el litoral mediterráneo de la provincia de Cádiz, es un lugar privilegiado de nuestra geografía. Desde Nerja a Sotogrande, esta parte de costa mediterránea armoniza la hermosura de sus playas con la belleza agreste de las montañas que protegen el litoral, dotándola de un clima verdaderamente excepcional.

Es indudable que la Costa del Sol está íntimamente vinculada al turismo pero su significado va mucho más allá. Punto de encuentro de distintas culturas, la Costa del Sol es reflejo de todos y cada uno de los pueblos que han pasado por sus tierras. Hasta hoy nos han llegado vestigios del paso de tribus prehistóricas, fenicios, cartagineses, griegos, romanos, árabes...

El Imperio Romano fue el que desarrolló en la costa una pujante actividad comercial fomentando la venta de sus productos a otras provincias. Pero será la cultura andalusí -nacida de la dominación islámica- la que confiera carácter profundo y permanente a sus costumbres, su forma de vida y su arquitectura popular, perviviendo hasta hoy en numerosos aspectos cotidianos, en su gastronomía, y en su sensibilidad hacia la música y la literatura. Es por ello sin duda, tierra de raigambre y encrucijada de civilizaciones que cuenta con una dilatada historia que ha ido configurando el carácter universal, pero acogedor, de esta atractiva zona mediterránea.

La Costa del Sol es una larga franja litoral extendida bajo un telón de montañas elevadas -las sierras de Mijas, Alpujata y Blanca- que actúan como friso de protección contra los estados atmosféricos extremos lo que proporciona, además de un clima templado, la sucesión de valles y laderas de singular belleza. Si a ello le unimos sus maravillosas playas, su extraordinaria gastronomía, su derroche callejero de cultura popular, que todo lo convierte en sentimiento de cariño, podremos comprender el magnetismo que produce en sus visitantes estas tierras. Un lugar en el que comenzar una nueva era de descubrimientos y que ahora podemos contemplar de un modo diferente: desde el aire.

Esta perspectiva de ver la Costa del Sol nos convierte en espectadores privilegiados de las huellas que ha dejado el pasado y del resultado de una evolución que ha durado varios siglos, hasta alcanzar la forma en que hoy se configura.

Las fotografías aéreas del libro que tiene en sus manos se corresponden con la realidad de la tierra en la que vivimos y recoge cerca de 50.000 hectáreas, en las que podemos descubrir las calas más recónditas, los recovecos de los barrios y de sus costas o las montañas que la bordean proyectando su sombra sobre los acantilados; hermosos paisajes en los que se ha detenido el tiempo.

El libro recoge las 24 playas y los 11 puertos deportivos que dotan a la Costa del Sol de unas infraestructuras excepcionales para todas las actividades relacionadas con el mar o los 40 campos de golf en un radio de acción de apenas 100 kilómetros, que la convierten en la mayor densidad de campos de golf de Europa.

Su historia, su cultura, su riqueza arqueológica y monumental y su apertura permanente al mundo han convertido a la Costa del Sol en la primera zona turística de España peninsular, donde la mezcla de culturas es tan fuerte como atractiva, donde el ocio y el recreo se dan la mano en todas las actividades y donde el mar es parte de la vida misma de sus gentes. Disfrútenlo.

Pedro Planas Lera
Consejero Delegado de Getmapping España

Estimado lector:

The Costa del Sol, which spans the whole coastline of Málaga and the Mediterranean coast of the province of Cádiz, is a privileged place in Spain. From Nerja to Sotogrande, this part of the Mediterranean coast harmonises the beauty of its beaches with the rough beauty of the mountains that protect the coast, giving it a truly exceptional climate.

It is indubitable that the Costa del Sol is intimately linked to tourism, but its meaning goes much further. A meeting point for different cultures, the Costa del Sol reflects each and every one of the peoples who have passed through these lands. To date, we have remains from the past corresponding to prehistoric tribes, Phoenicians, Carthaginians, Greeks, Romans, Arabs...

The Roman Empire developed a vigorous commercial activity on the Costa promoting the sales of their products to other provinces. But the Andalusí culture -product of the Islamic domination- is the culture that will confirm the deep and permanent character of its customs, way of life and popular architecture, still visible today in numerous everyday aspects, in the gastronomy, the sensitivity to music and literature. Thus it is a land of roots and a crossroads of civilizations with a long history that has configured the universal but welcoming character of this attractive Mediterranean area.

The Costa del Sol as a strip of coastline at the feet of the high sierra mountains of Mijas, Alpujata and Blanca- which act as a protection against extreme weather, giving the area a temperate climate, a succession of singularly beautiful valleys and slopes. If we add to this its marvellous beaches, extraordinary food, its popular street culture, which turns everything into feelings of affection, we will be able to understand the magnetism it produces on visitors. A place to begin a new era of discoveries and which we can now contemplate from a different perspective: from the air.

This perspective of the Costa del Sol makes us privileged spectators of the marks left by the past and the result of an evolution that has lasted for centuries until reaching its current form.

The aerial photographs in the book you are holding correspond to the reality of the land we live in and cover around 50,000 hectares, where you can discover the most hidden coves, the nooks of the towns and the coast or the mountains that delimit it projecting their shadow on the cliffs; beautiful landscape where time has stopped.

The book contains the 24 beaches and the 11 yachting ports supplying the Costa del Sol with its exceptional infrastructures for all activities related to the sea, or the 40 golf courses in a 100-kilometre radius, giving it the greatest density of golf courses in Europe.

Its history, culture, archaeological and monumental wealth and its permanent openness to the world have made the Costa del Sol number one tourist area of peninsular Spain, where the mixture of cultures is as strong as it is attractive, where leisure and recreation go hand in hand in all activities and where the sea is a part of the life of its inhabitants. I hope you enjoy it.

Pedro Planas Lera
Managing Director of Getmapping España

Guía Visual – Visual Guide

- Etiqueta con alguno de los puntos de interés contenidos en la página.
  - *Labels with some of the points of interest contained in the page*

- Indicadores de la página en la que continúa la imagen. El color del triángulo determina la escala en la que nos vamos a encontrar la siguiente imagen.
  - *Indicators of the page where the image continues.*
  - *The colour of the triangle determines the scale you are going to find in the next image.*

- Paginación
  - *Pages*

- Paginación
  - *Pages*

- Coordenadas verticales que sirven para identificar los elementos que se clasifican en los índices callejeros e índices temáticos.
  - *Vertical coordinates to identify the elements classified in the street and thematic indices.*

- Delimitadores de rejilla de coordenadas verticales y horizontales.
  - *Limits of the vertical and horizontal coordinate grid.*

- Número de página del mapa callejero a escala 1:5.000 que contiene la imagen aérea en la que estamos situados.
  - *Page number of the street map at scale 1:5.000 containing the aerial image of where you are located.*

- Etiqueta con alguno de los puntos de interés contenidos en la página.
  - *Labels with some of the points of interest contained in the page*

- Coordenadas horizontales que sirven para identificar los elementos que se clasifican en los índices callejeros e índices temáticos.
  - *Horizontal coordinates to identify the elements classified in the street and thematic indices.*

- Indicadores de la página en la que continúa la imagen. El color del triángulo determina la escala en la que nos vamos a encontrar la siguiente imagen
  * verde: escala 1: 2.500
  * rojo. Escala 1:5.000
  * naranja. Escala 1:20.000
  - *Indicating the page where the image continues. The colour of the triangle determines the scale of the following image*
    * *Green: scale 1: 2.500*
    * *Red: scale 1:5.000*
    * *Orange: scale 1:20.000*

- Etiqueta que indica por color la escala en la que nos encontramos y en su caso la página del mapa callejero a escala 1:5.000 que contiene la imagen aérea en la que estamos.
  - *A label indicating the scale of the image by colours and, if available, the page on the street map at scale 1:5000 containing the aerial image where you are located.*

Cómo utilizar la obra – How to use this book

Para situar los elementos de interés en una extensión como el entorno de influencia de la población, se han incorporado coordenadas geográficas identificadas mediante un círculo que contiene letras en las coordenadas horizontales y números en las verticales. El orden se sitúa de oeste a este (de izquierda a derecha) y de Sur a Norte (de abajo hacia arriba). Las ilustraciones (fotografías y mapas) están orientadas de manera que el Norte se encuentra en la parte superior de la página, el Sur en la parte inferior, el Oeste en la parte izquierda y el Este en la parte derecha.

To locate elements of interest in an area like the space around a town, geographical coordinates identified with a circle containing the letters for horizontal coordinates and numbers for the vertical has been incorporated. The order is from west to east (from left to right) and from south to north (bottom to top). The illustrations (photographs and maps) are placed in such a way that North is at the top of the page, South at the bottom, West on the left and East on the right.

Las etiquetas (Los Tablazos)que aparecen en las esquinas superiores de las páginas indican uno o varios puntos de interés contenidos en la imagen.

The labels are in the top corners of the pages (Los Tablazos) indicating one or several points of interest in the image.

La etiqueta de la esquina inferior izquierda de las páginas pares (Escala 1:5.000 mapa en página 269) indica en la escala en la que nos encontramos (1:20.000 -naranja-, 1:5.000 -rojo- y 1:2.500 -verde-). También puede indicar en qué página del mapa podemos encontrar la página fotográfica en la que nos encontramos para poder identificar calles y edificaciones.

The label at the bottom corner (Escala 1:5.000 mapa en página 269) of the even-numbered pages indicates the scale (1:20.000 -orange-, 1:5.000 -red- y 1:2.500 -green-). It may also indicate on what page of the map can we find the photographic image of what you are viewing to identify streets and buildings.

El triángulo rojo de los vértices inferior derecho de algunas de las páginas impares ( ), indica en qué página del mapa podemos encontrar la página fotográfica en la que nos encontramos.

The red triangle at the bottom right-hand corner ( ), of some odd-numbered pages indicates on what page of the map we can find the photograph of the area you are viewing.

Los triángulos laterales indican el número de página continuación del territorio y tienen el color de la escala en la que se encuentra la página contigua.

The side triangles indicate the page number of the continuation of the terrain and of a colour according to the scale of that map.

Las etiquetas ( )que se encuentran junto con algunos recuadros en los mapas a escala 1:5.000 (callejeros) indican la página de correspondencia de esa parte del mapa con la fotografía aérea a escalas 1:2.500 y/o 1:5.000. El recuadro verde indica correspondencia con una página a escala 1:2.500, En caso de ser rojo, la escala es de 1:5.000.

The labels ( ) that appear with some squares in the scale 1:5.000 maps (street) indicate the corresponding page of this part of the map with the aerial photograph at scale 1:2.500 and/or 1:5.000. The green square indicates correspondence with a page at scale 1:2.500, if it is red; the scale is 1:5.000.

Colores utilizados para indicar la escala a lo largo de la obra – Colours used to indicate the scale used

Escala 1:20.000

Escala 1:5.000

Escala 1:2.500

Mapa a 1:5.000

Scale 1:20.000

Scale 1:5.000

Scale 1:2.500

Map at 1:5.000

Índice general - General index

Mapa índice de fotografía aérea de Costa del Sol - Index map of aerial photos of the area

Zona de Marbella - *Marbella area*

Zona de Fuengirola - *Fuengirola area*

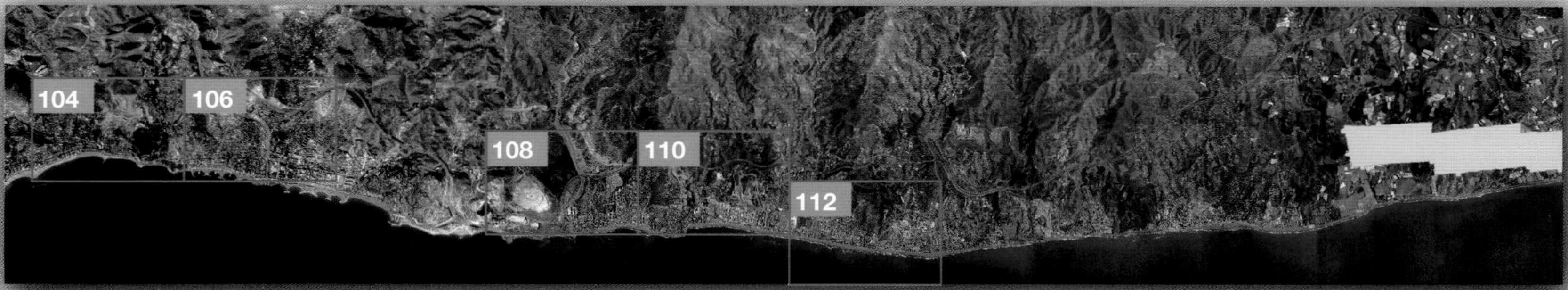

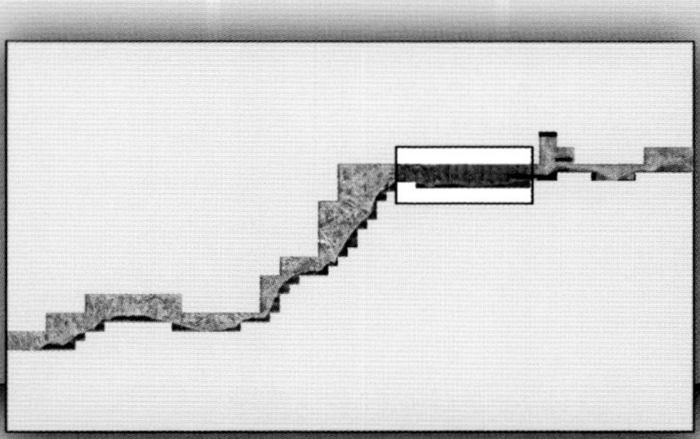

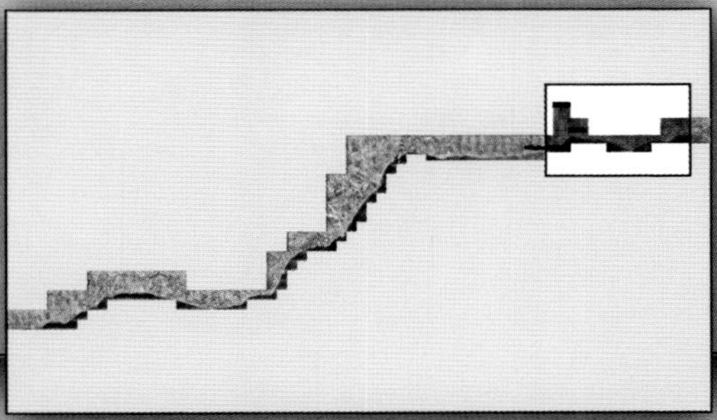

Zona de Veléz-Málaga / Nerja - Veléz-Málaga / Nerja area

Zona de Rincón de la Victoria - Rincón de la Victoria area

102
98
94
90
86
82

100
96
92
88
84
80
78

76

186
188
190
192
196
200
208
216
224
232
194
198
202
210
218
226
234
204
212
220
228
236
206
214
222
230
238

Mapa índice de fotografía aérea de Málaga - Index map of aerial photos of Málaga

Índice de Poblaciones - *Towns Index*

Escalas 1:20.000
Scale 1:20.000

Escala 1: 20.000 - Distancia total 4,65 Km. - 1 cm. equivale a 200 metros

Scale 1:20.000 - Total distance 4,65 Km. – 1 cm. equals 200 metres

Saladillo-Benamara / San Pedro de Alcantara

Escala · Scale 1:20.000

Nueva Andalucía / San Pedro de Alcántara

Marbella / Albarizas / Torre del Río Real

Torremolinos / Churriana / Aeropuerto

Escala Scale 1:20.000

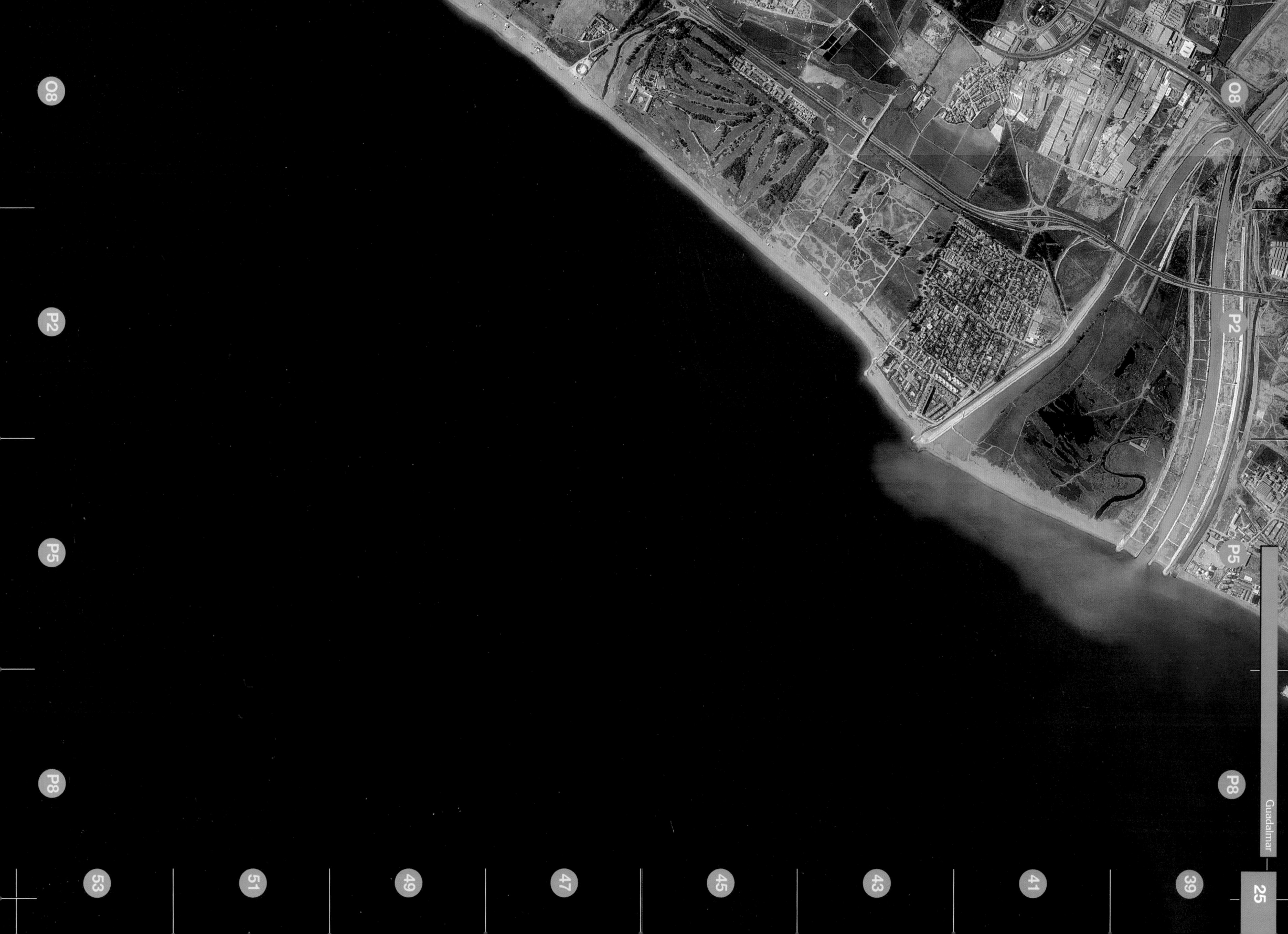

Guadalmar

P2

O8

O5

O2

P2

O8

O5

O2

26

23

25

27

29

31

33

35

37

Escala Scale 1:20.000

Vélez-Málaga / Torre del Mar / Caleta de Vélez

Y2

Y2

Escala - Scale 1:20.000

Contenidos a escala - Contents at scale 1:5.000

Escala 1:5.000
Scale 1:5.000

Urb. Costalita / Cerro del Alcornocal

Escala - Scale 1:5.000

Guadalmina Baja / Punta de Baños

Barrio de los Catalanes

Escala Scale 1:5 000

B6

B5

B4

B6

B5

B4

86

87

88

89

Puerto Deportivo José Banús

Las Brisas

Escala · Scale 1:5.000

41

Ancon

Escala Scale 1:5.000

Playa de Nagüeles

Las Represas

Reserva los Monteros / Marbella Beach

Escala - Scale 1:5.000

Ricmar / Elviria

White Pearl Beach / Playa de las Chapas

Escala - Scale 1:5.000

Elvira / C. De Golf / Camping Marbella

Playa de Calahonda / Riviera del Sol / Calypso

Butiplaya / Las Mimosas

Playa de la Cala / Playa Buganvillas

Escala - Scale 1:5.000

Cala del Moral

Escala · Scale 1:5.000

K3

K2

K1

K3

K2

K1

82

83

63

84

85

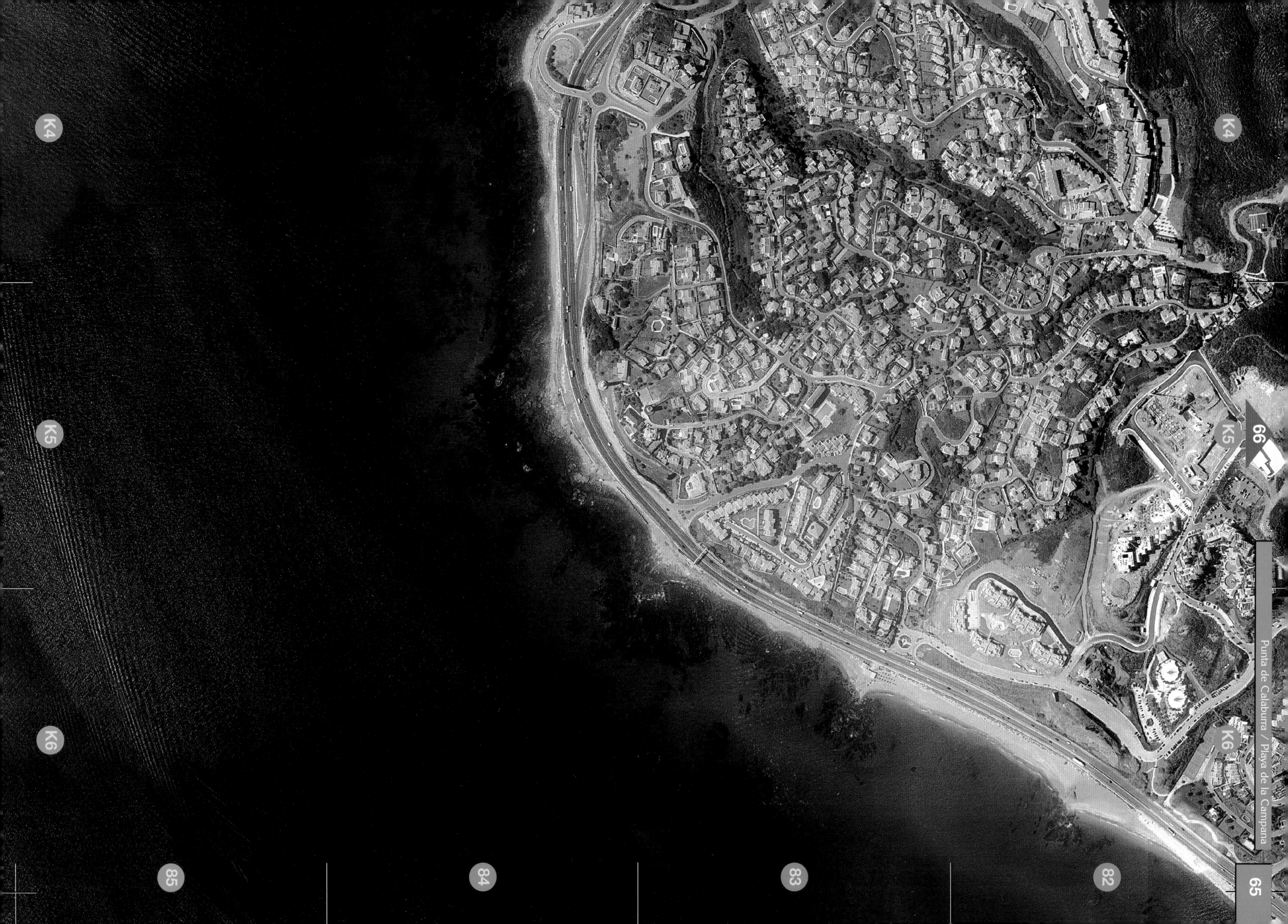

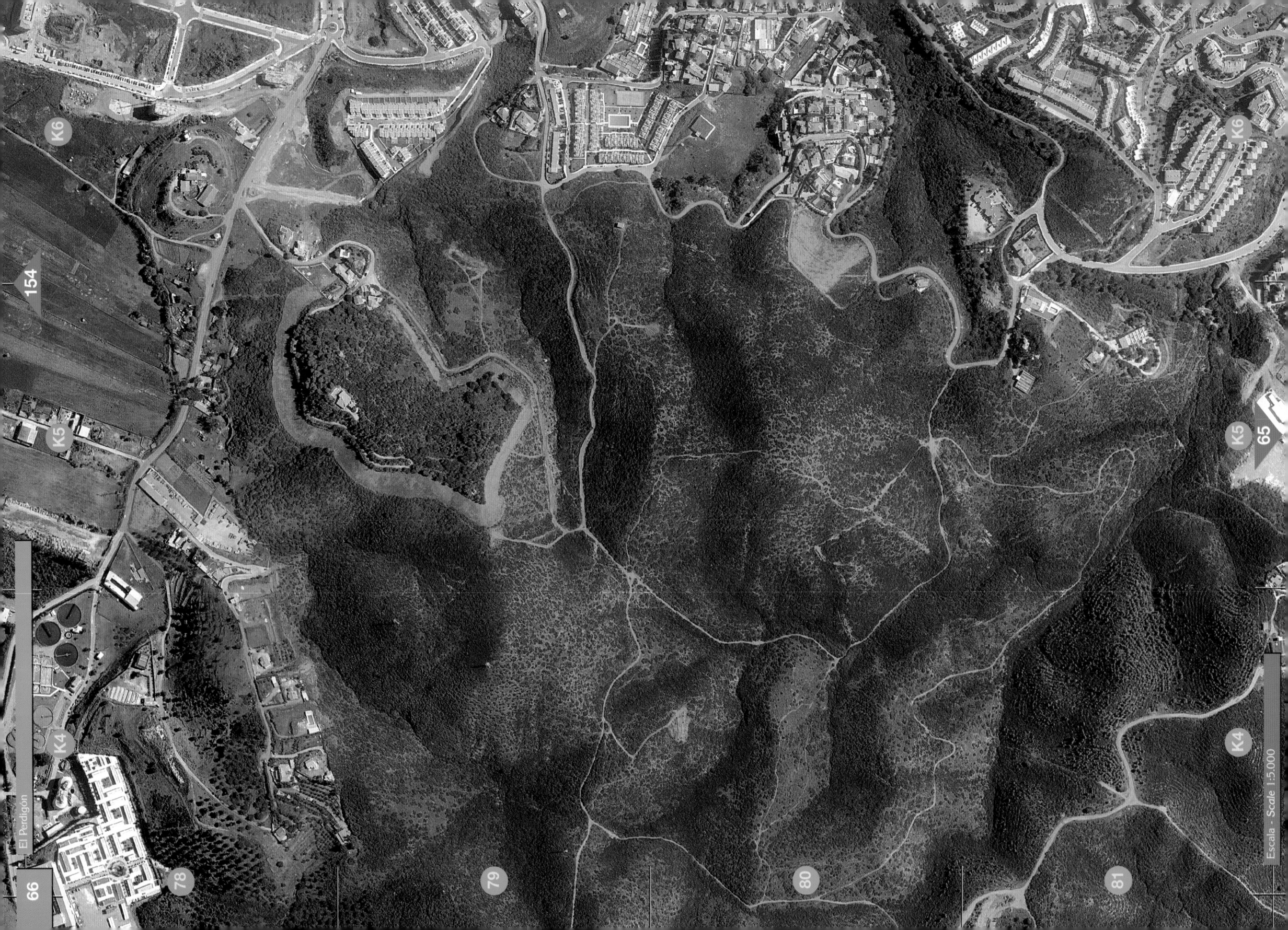

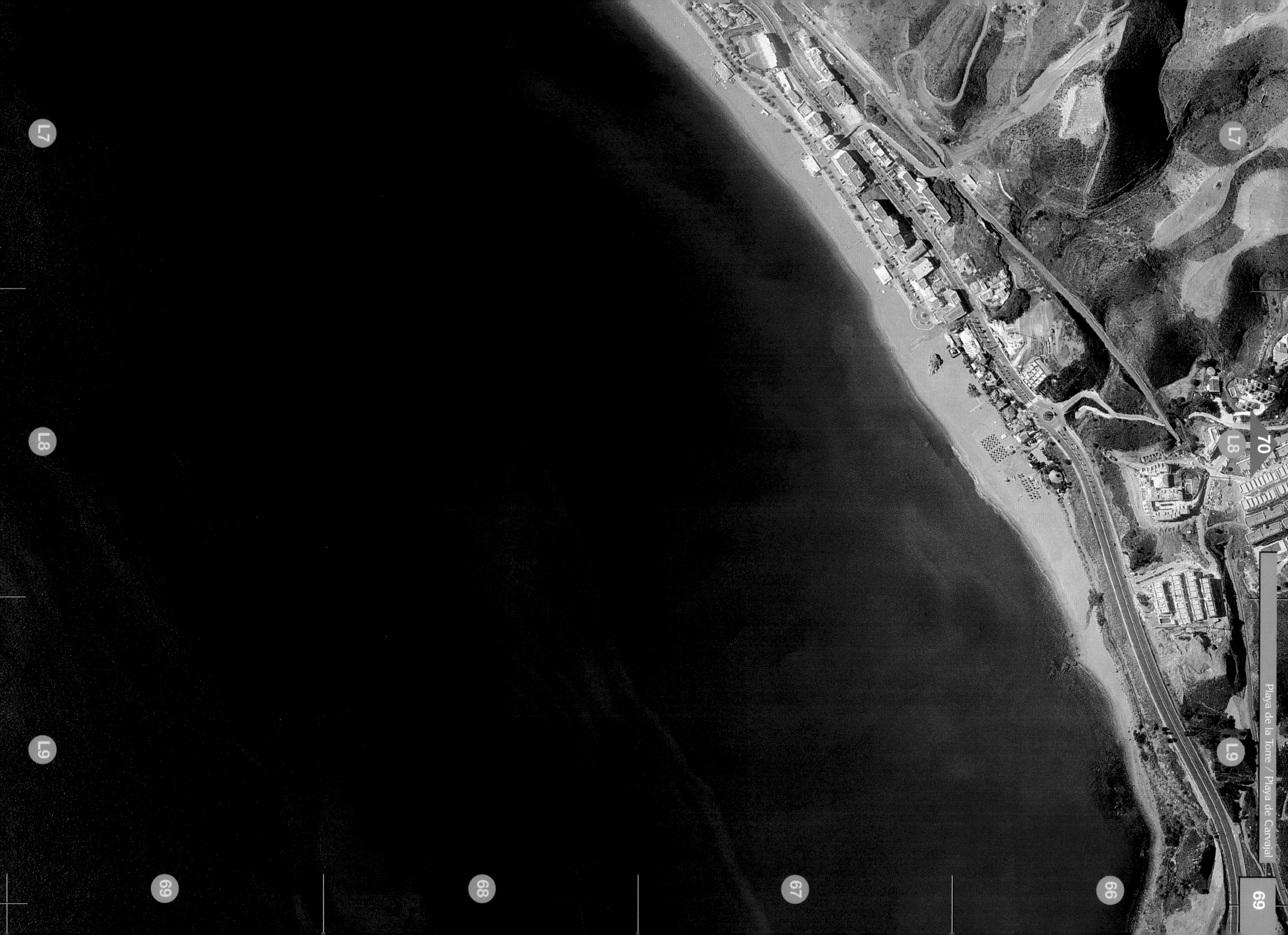

Playa de la Torre / Playa de Carvajal

Escala - Scale 1:5.000

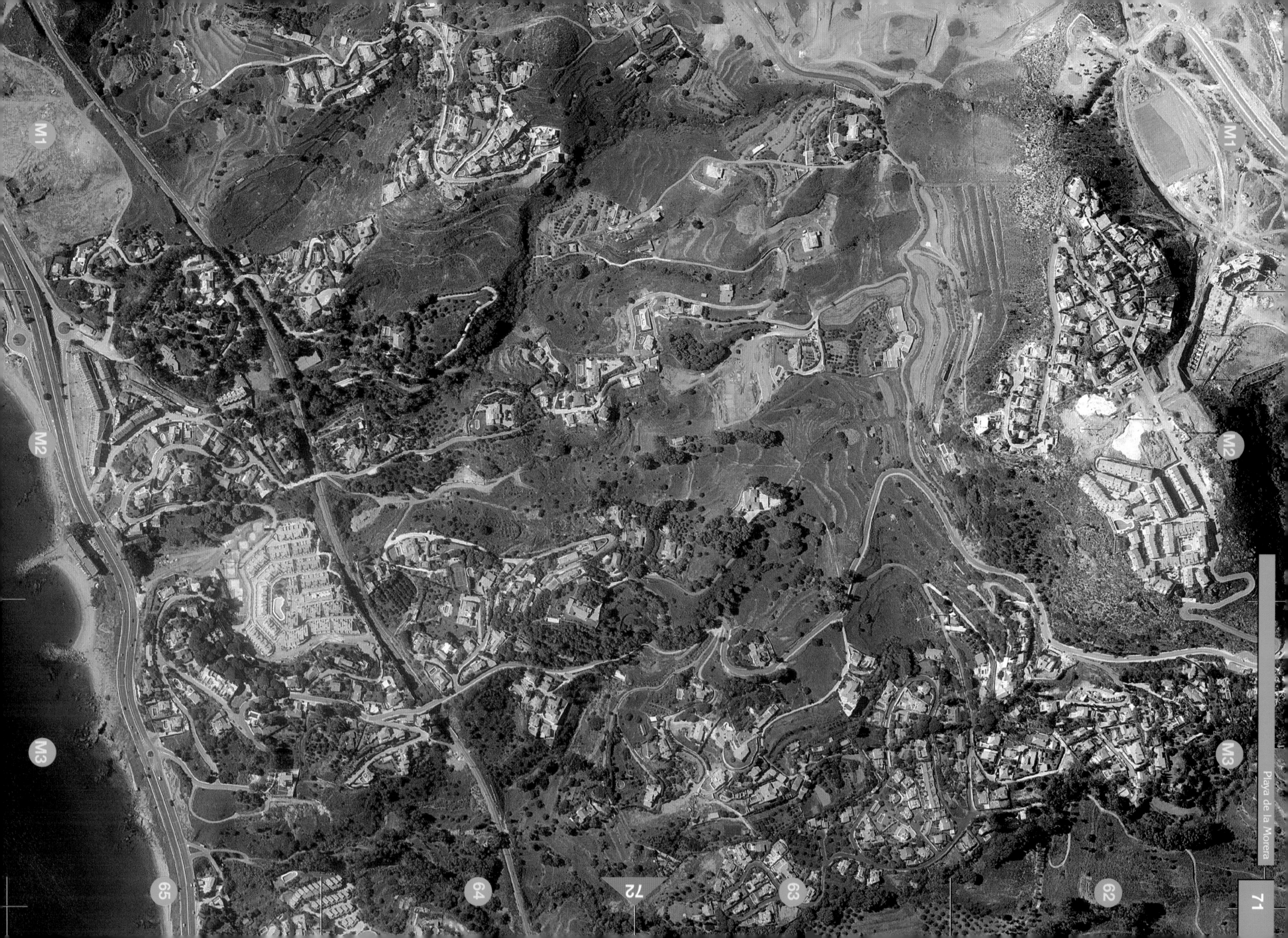

M2
M2
M3
M3

Playa de la Morera

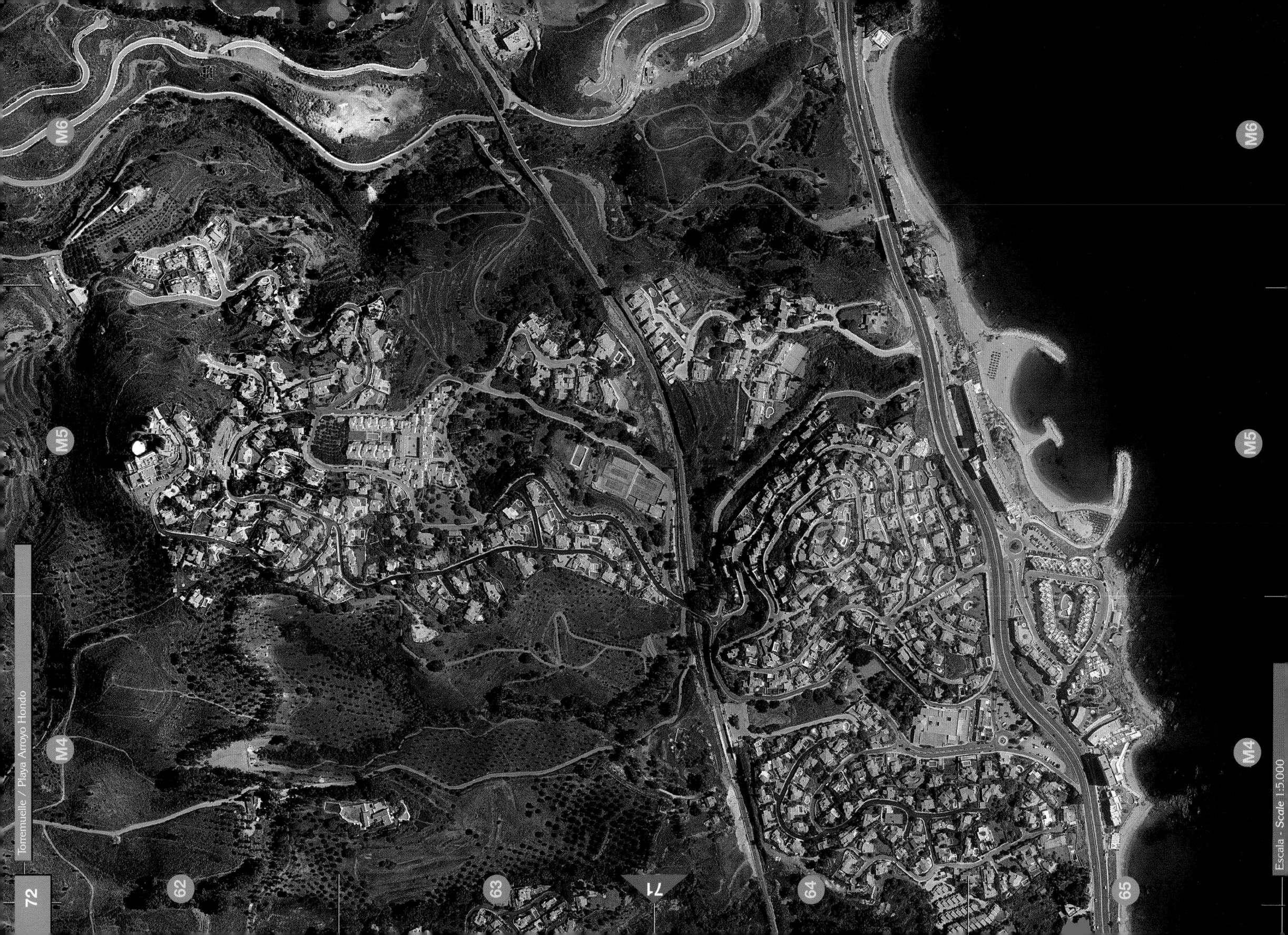

Escala Scale 1:5.000

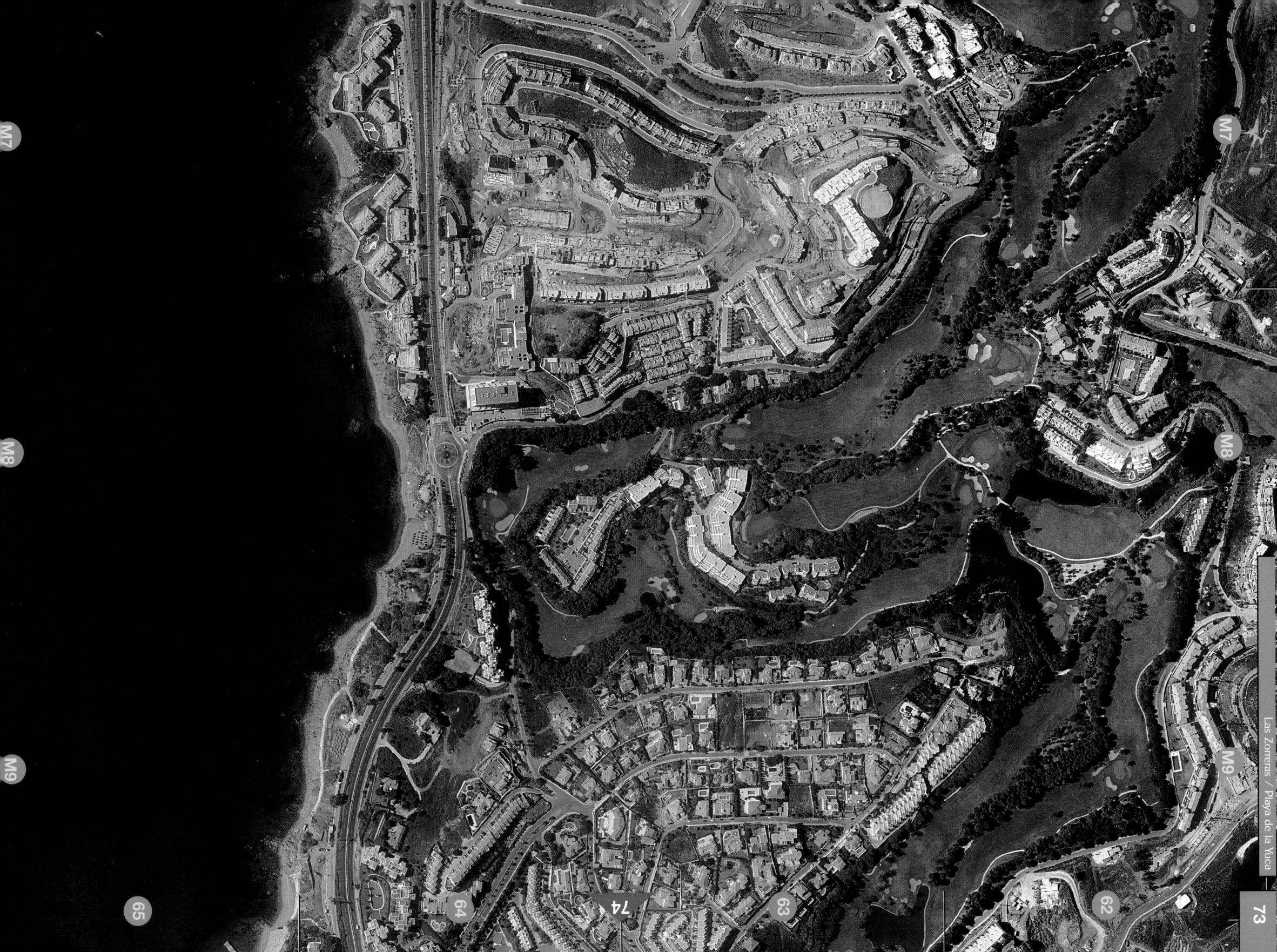

Las Zorreras / Playa de la Yuca

170

171

Benalmádena Costa

75

78

Palacio de Congresos

76

50 51 52 53

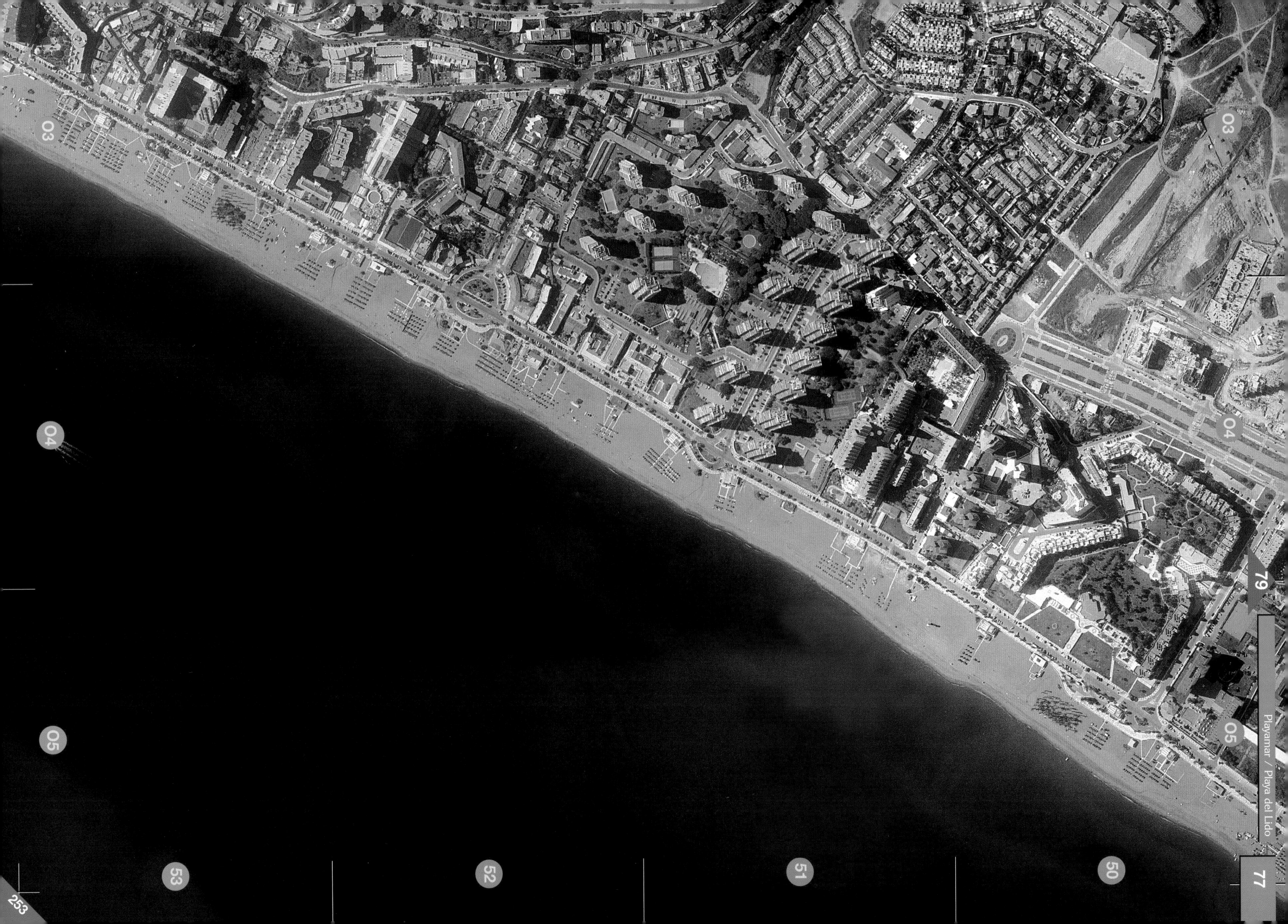

El Pinar

Escala Scale 1:5.000

Barrio San Javier

Escala · Scale 1:5.000

Playa Guadalmar / Playa San Julián

Pol. Ind. Aeropuerto

P1

P1

83 P2

91 P2

P3

P3

Guadalmar

41 186 40 39 188 38 87

Carranza / Puerta Blanca

San José del Viso

Escala - Scale 1:5.000

P1
P1
P2
91
P2
99
P3
P3
33
196
32
31
200
30
95
Barriada San Andrés

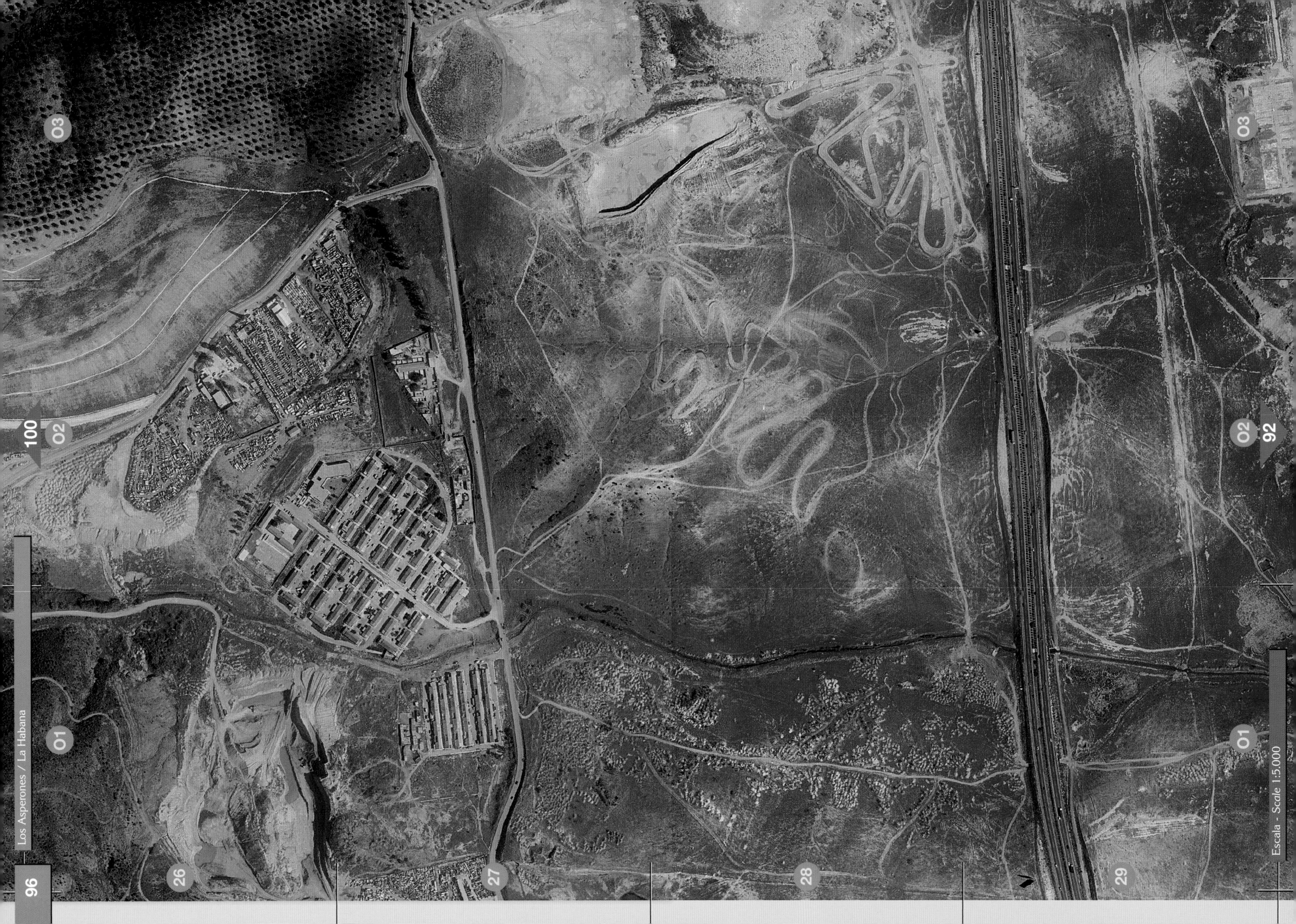

Escala - Scale 1:5.000

El Cañaveral

Escala - Scale 1:5.000

Escala · Scale 1:5.000 mapa · map pág. 264

Playa de la Caleta / Parque El Morlaco

Pedregalejo

Escala - Scale 1:5.000 mapa - map pág. 266

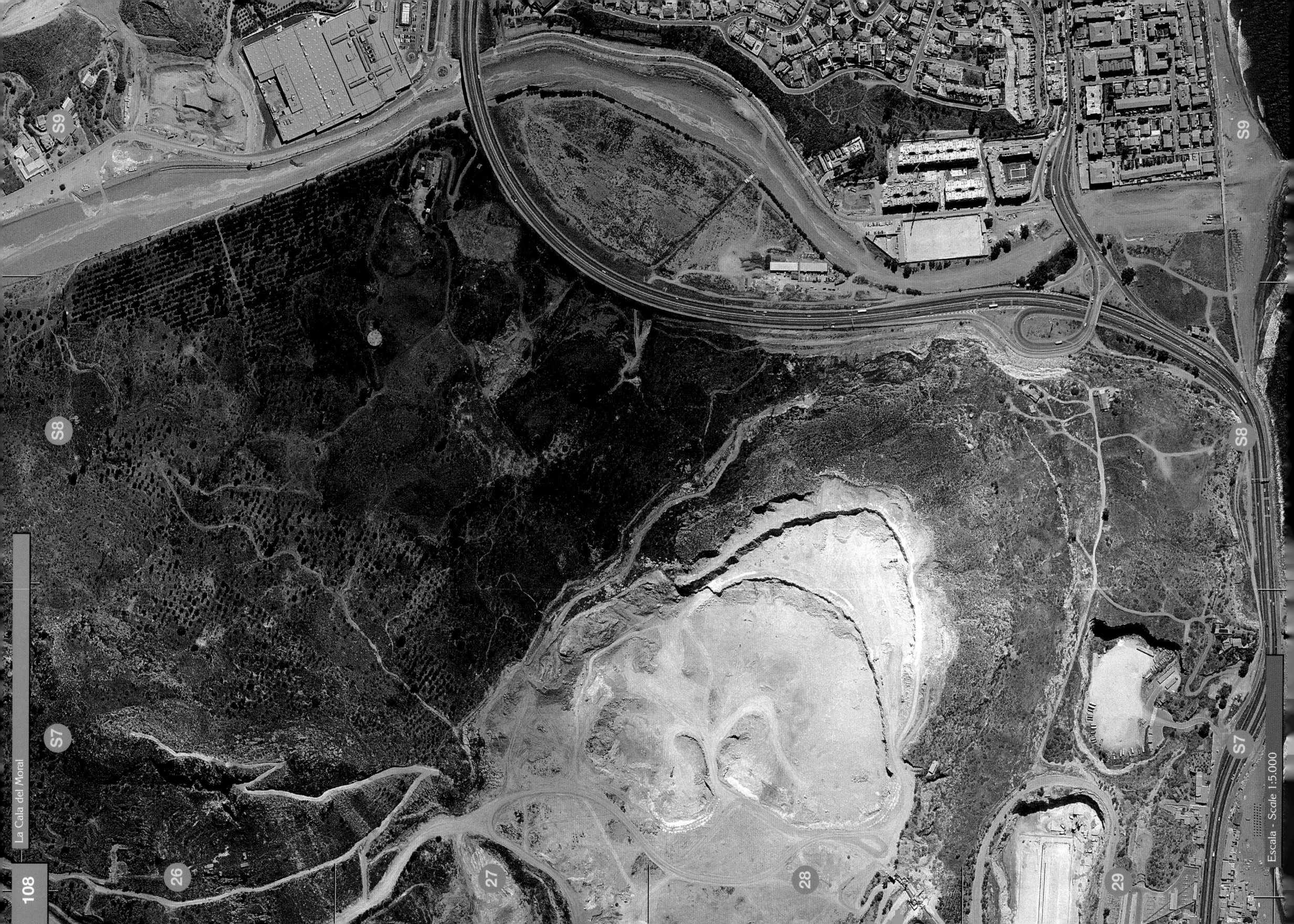

Escala · Scale 1:5.000

Punta de los Cantales

Escala - Scale 1:5.000

U3 U3
U2 U2
U1 U1

28 111 29 30 31

El Mirador / Río Vélez

Escala · Scale 1:5.000

Escala - Scale 1:5.000

Y5

Y5

Y4

Y4

Y3

Y3

10

11

12

13

Punta, Torre y Faro de Torrox

Nerja

AD9

AD8

AD7

AD9

AD8

AD7

20

21

22

23

Escala · Scale 1:5.000 mapa · map · pág. 269

Balcón de Europa

AD9

AD9

AD8

AD8

AD7

AD7

Escala · Scale 1:5.000

Escala · Scale 1:5.000

AE6

AE5

AE4

16

17

18

19

Urb. Fuente del Badén

Contenidos a escala - Contents at scale 1:2.500

Escala 1:2.500
Scale 1:2.500

Urb. Casablanca / Urb. Guadalpín

Playa de la Bajadilla

Puerto Pesquero

Escala - Scale 1:2.500 mapa - map pág. 242

149

137

138

82

Playa del Cable

Poligono Industrial la Ermita

Escala - Scale 1:2.500

Urb. Marbella Montaña / Urb. La Carolina

Escala - Scale 1:2.500

Urb. La Merced / Urb. El Higueral / Urb. El Pinillo

Escala - Scale 1:2.500

Los Naranjos

Parque Arroyo de la Represa

Escala · Scale 1:2.500

E8

E8

E7

E7

138

149

80

81

Urb. Andasol

Las Lomas del Pozuelo

Escala - Scale 1:2.500

Campo de Golf

La Vega

Escala Scale 1:2.500 mapa - map pág. 244

Río Fuengirola

Plaza de Toros

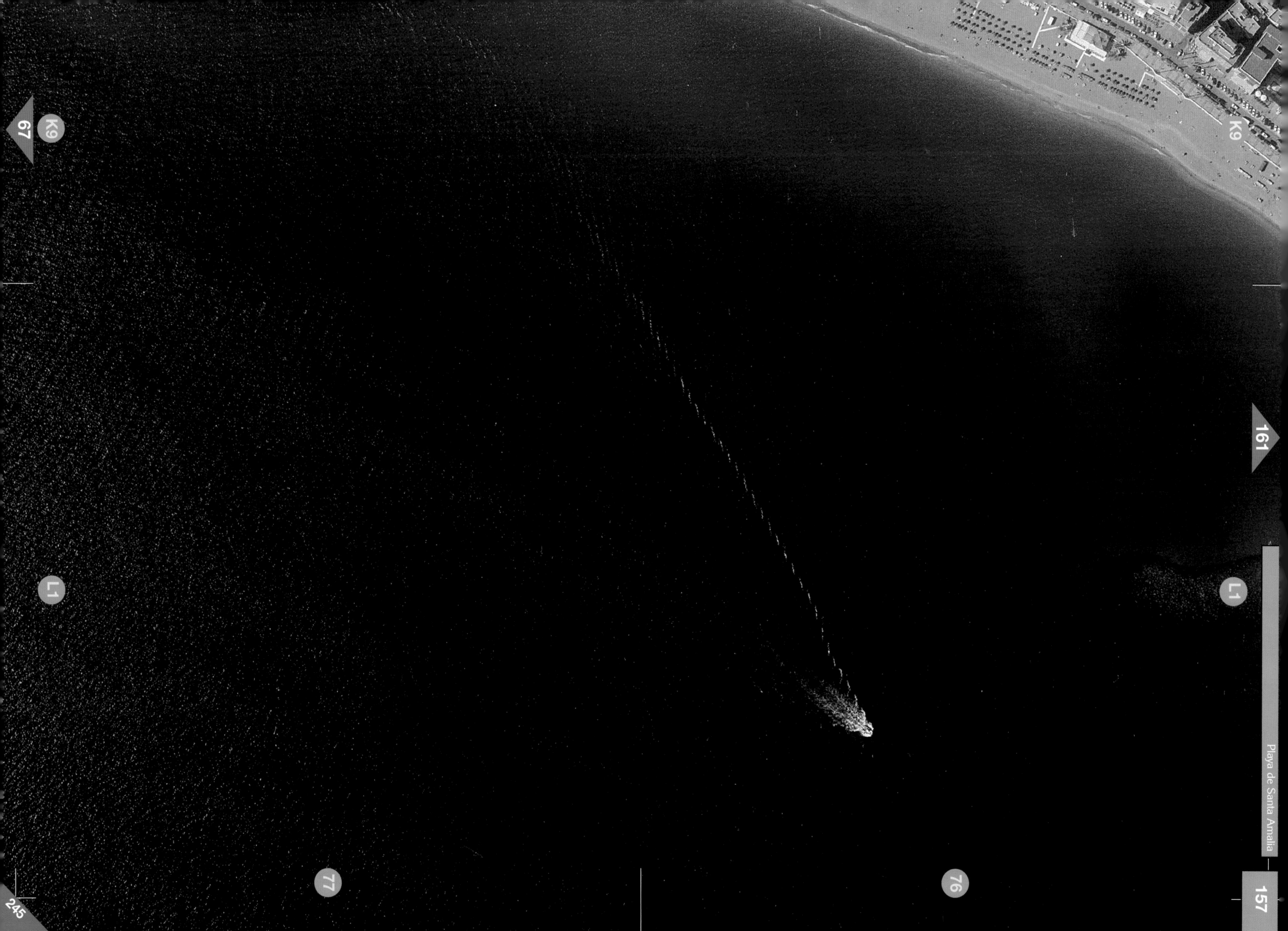

Playa de Santa Amalia

154

Los Cuartones / Los Pedernales / Ctra. Coín

Escala · Scale 1:2.500 mapa · map pág. 244

Parque Acuático

Campo de Fútbol de Suel

Escala · Scale · 1:2.500 mapa · map pág. 245

72

73

Las Cañadas

Escala · Scale 1:2.500 mapa · map · pág. 246

Campo Mpal. de Deportes Elioa / Ctra. Mijas

L2
L2
Playa de los Boliches / Paseo Marítimo

162

Urb. El Longarejo

La Loma

Escala Scale 1:2.500 mapa - map pág. 247

Campo de Fútbol Santa Fe

Benalmádena Costa / Punta de Peralejo

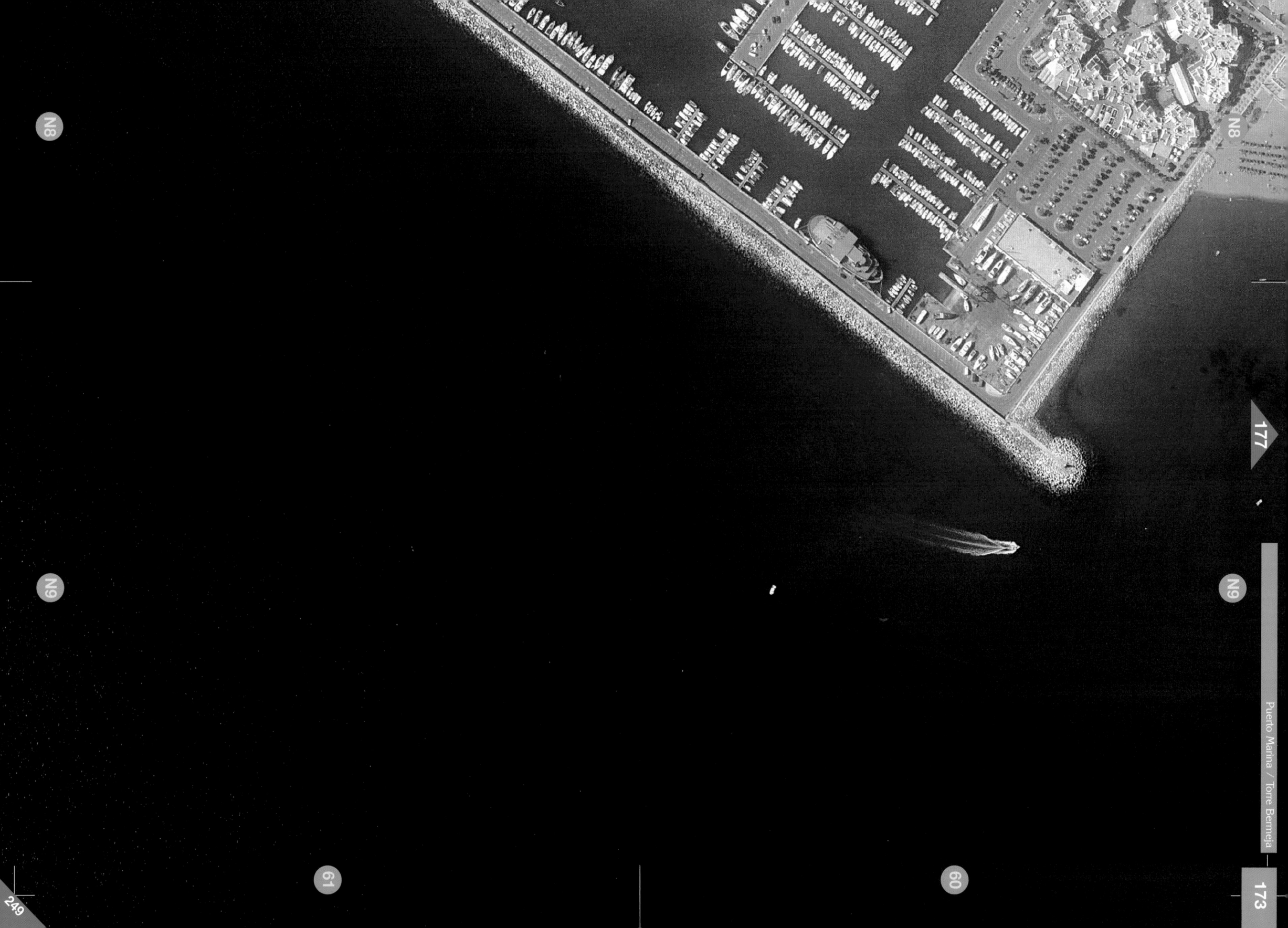

172

Urb. El Saltillo

Escala Scale 1:2.500 mapa – map pág. 249

173
180
N9
N9

Playa Fuente Salud / Urb. Eurosol

Urb. El Pinillo

Escala · Scale 1:2.500 mapa · map pág. 250

La Carihuela / Los Nidos

Escala · Scale 1:2.500 mapa · map pág. 251

Playa de la Carihuela

Llano de las Canteras / Cerro del Toril

178

54

55

Escala · Scale 1:2.500 mapa · map pág. 250

N9

N9

54
55

Torremolinos / Loma de los Riscos

Escala · Scale 1:2.500 mapa · map pág. 251

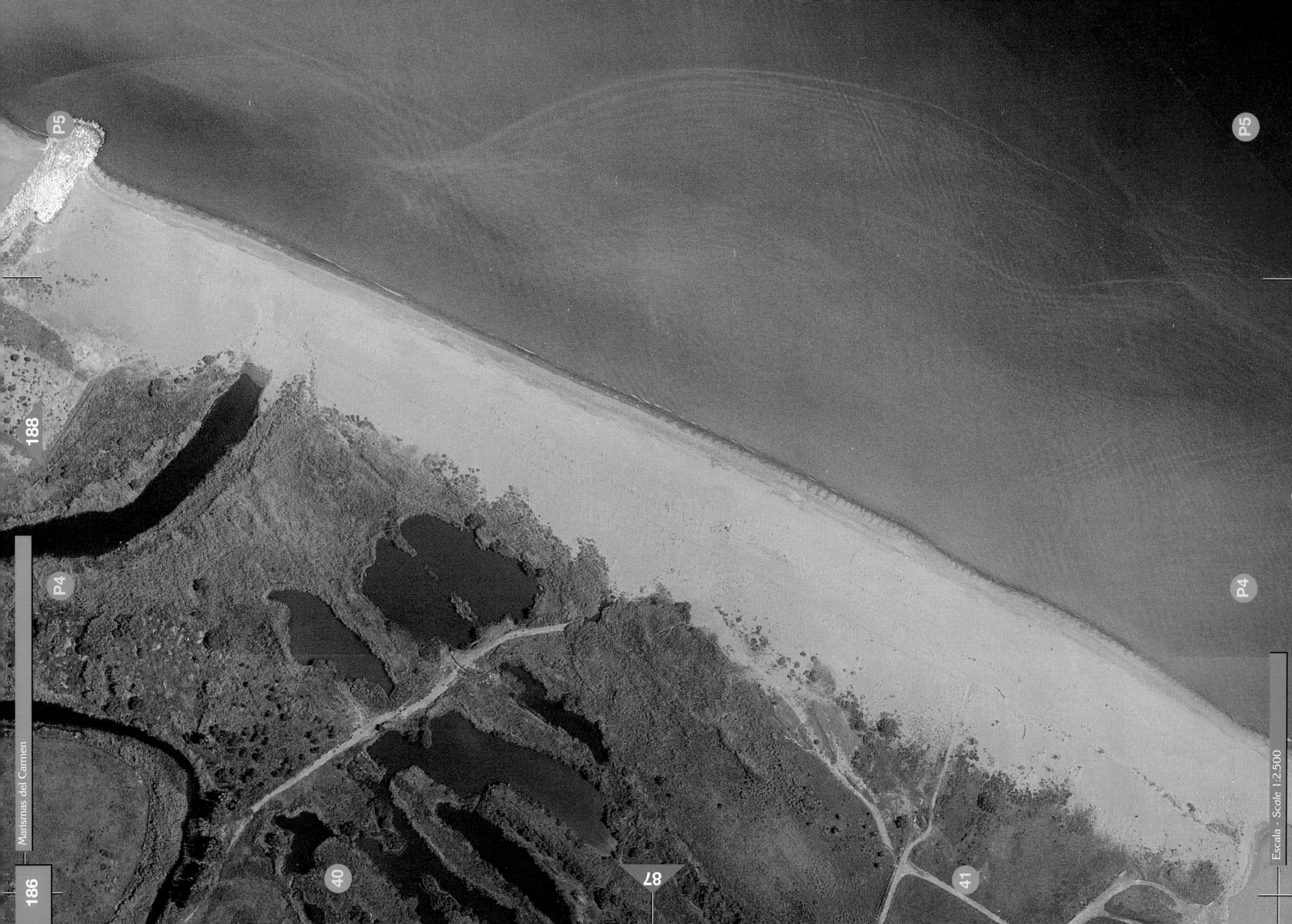

Río Guadalhorce

Escala - Scale 1:2.500 mapa - map pág.186

Playa de La Misericordia

Almudena

Escala - Scale 1:2.500

Playa de Huelin

196
190

P4
P4

San Andrés

199

Mar Mediterráneo

San Carlos Condote / La Luz

Escala · Scale 1:2.500 mapa · map pág. 254

193
201
197
198

P5

P5

P6

P6

254

33

32

Giron

Alaska / Tabacalera

Escala · Scale 1:2.500 mapa · map pág. 255

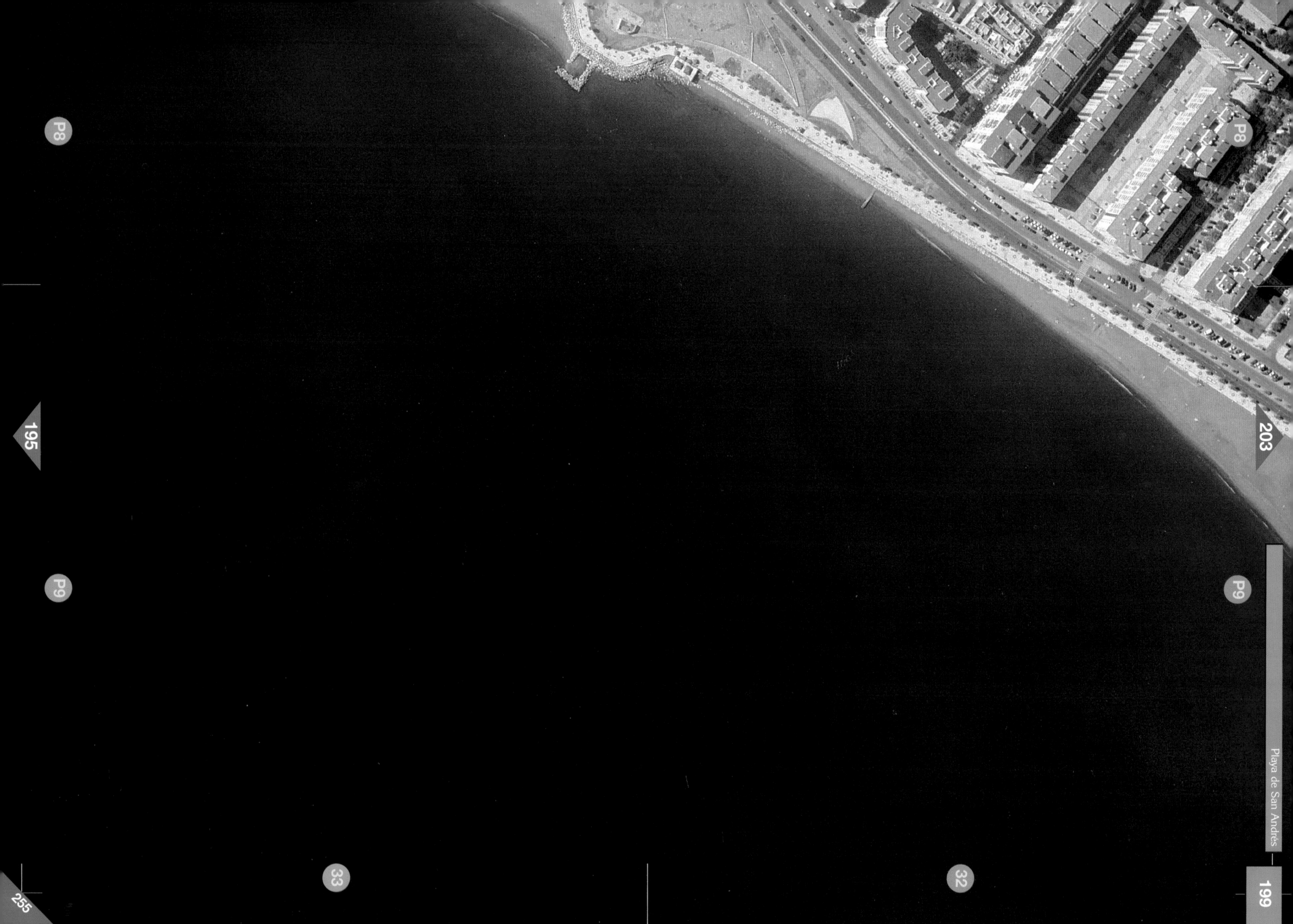

Playa de San Andrés

La Unión / La Princesa

Escala · Scale 1:2.500 mapa · map 257 pág. 257

P8
P8
199
211
P9
P9
257
31
204
30
203
Parque Ayala

Puente Antonio Machado / Río Guadalmedina

Escala - Scale 1:2.500 mapa - map pág. 258

Muelle de Pescadería

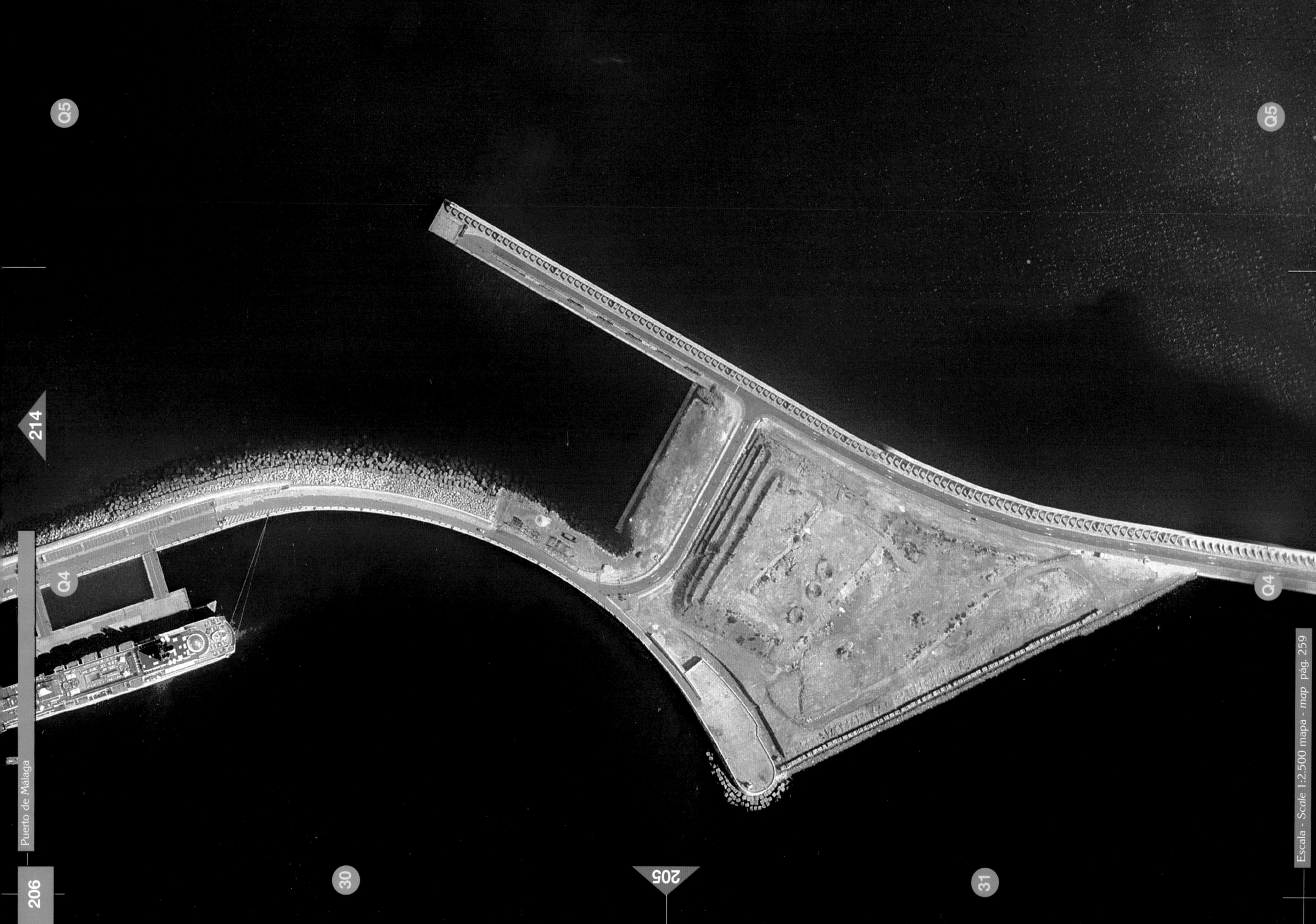

La Barriguilla

Escala · Scale 1:2.500 mapa · map pág. 256

P5
P5
201
217
P6
P6
256
29
210
28
209
Carranque

La Aurora

28

209

29

Escala · Scale 1:2.500 mapa · map pág. 257

220

204

Q1

Q1

212

28

211

29

Puente del Carmen / Puente de Tetuán

Escala Scale 1:2.500 mapa map pág. 258

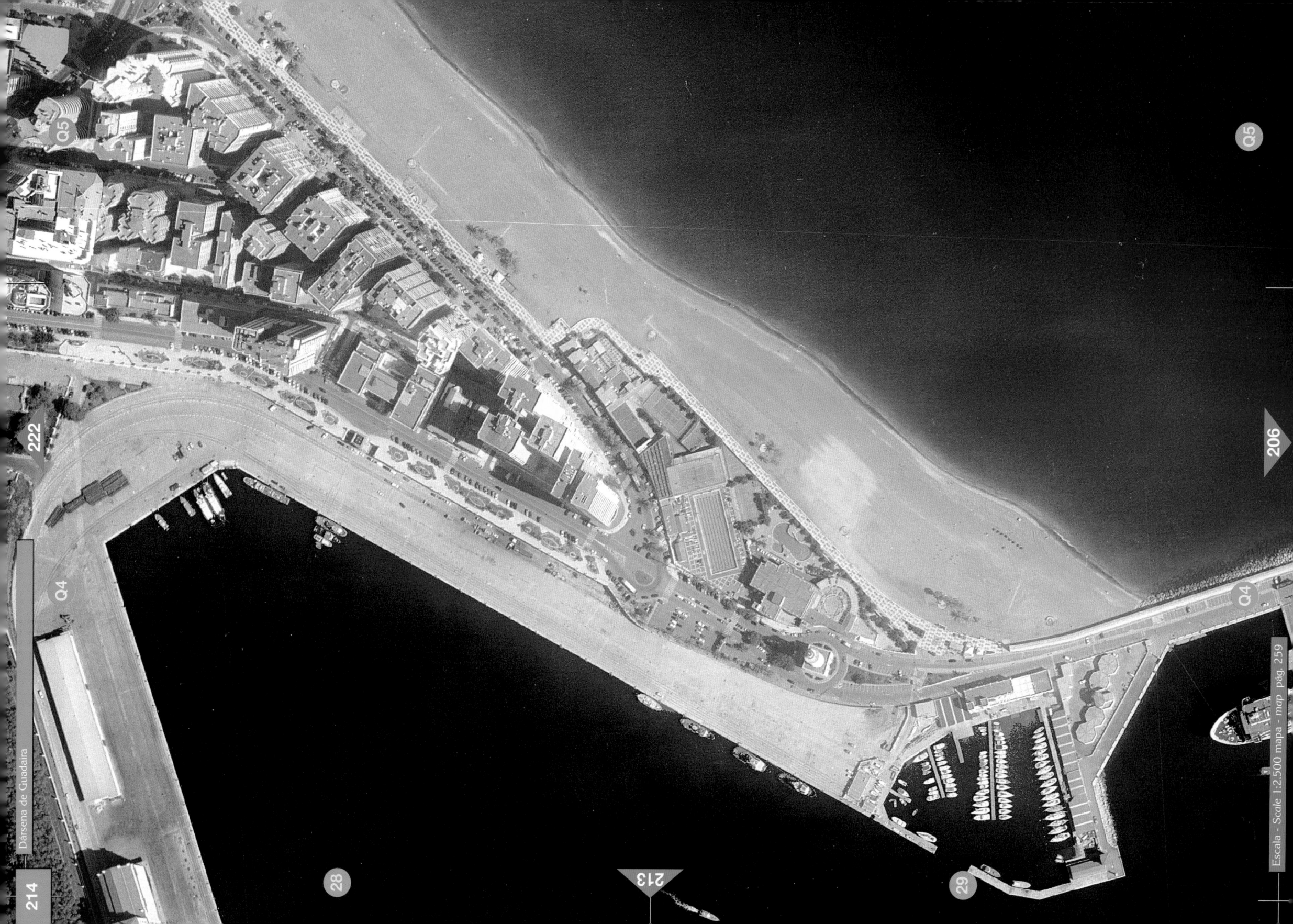

Dársena de Guadaira

Escala · Scale 1:2.500 mapa · map pág. 259

Playa de la Malagueta

224
208
P4
P4

Camiño de Antequera

Escala · Scale 1:2.500 mapa · map · pág. 260

Nueva Málaga

Perchel Norte

Q1

Q1

Q2

Q2

26

219

27

La Malagueta

Escala · Scale 1:2.500 mapa · map pág. 263

215
231
27
104
26
223

La Caleta

Florisol

24

103

25

Escala Scale 1:2.500 mapa · map pág. 260

219
235
P9
P9
Las Rocas

224

San Alberto

Escala - Scale 1:2.500

232

22

103

23

La Palmilla

229

Loma de Morales

Mapa 1:5.000
Mapa 1:5.000

Mapa 1:5.000

Escala 1:5.000 - Distancia total 1,16 Km. - 1 cm. equivale a 50 metros

Scale 1:5.000 - Total distance 1,16 Km. – 1 cm. equals 50 metres

PUERTO PESQUERO

NEO

BARRIO DE PESCADORES

URB. JARDINES DE MARBELLA

URB. LAS ALBARIZAS

POL. IND. LAS ALBARIZAS

POL. IND. ICOMAR

POL. IND. LA ERMITA

URB. LA ERMITA

Hospital Europa

Guardia Civil

Polideportivo Municipal Cubierto

Recinto Ferial

Ambulatorio

Complejo Costa del Sol

Casa de la Merced

Hacienda Cortés

Casa de Tirillas

Tejar de los Remedios

Plaza de Toros

Cementerio

Tanatorio

Colonia de la Esperanza

Policía Local

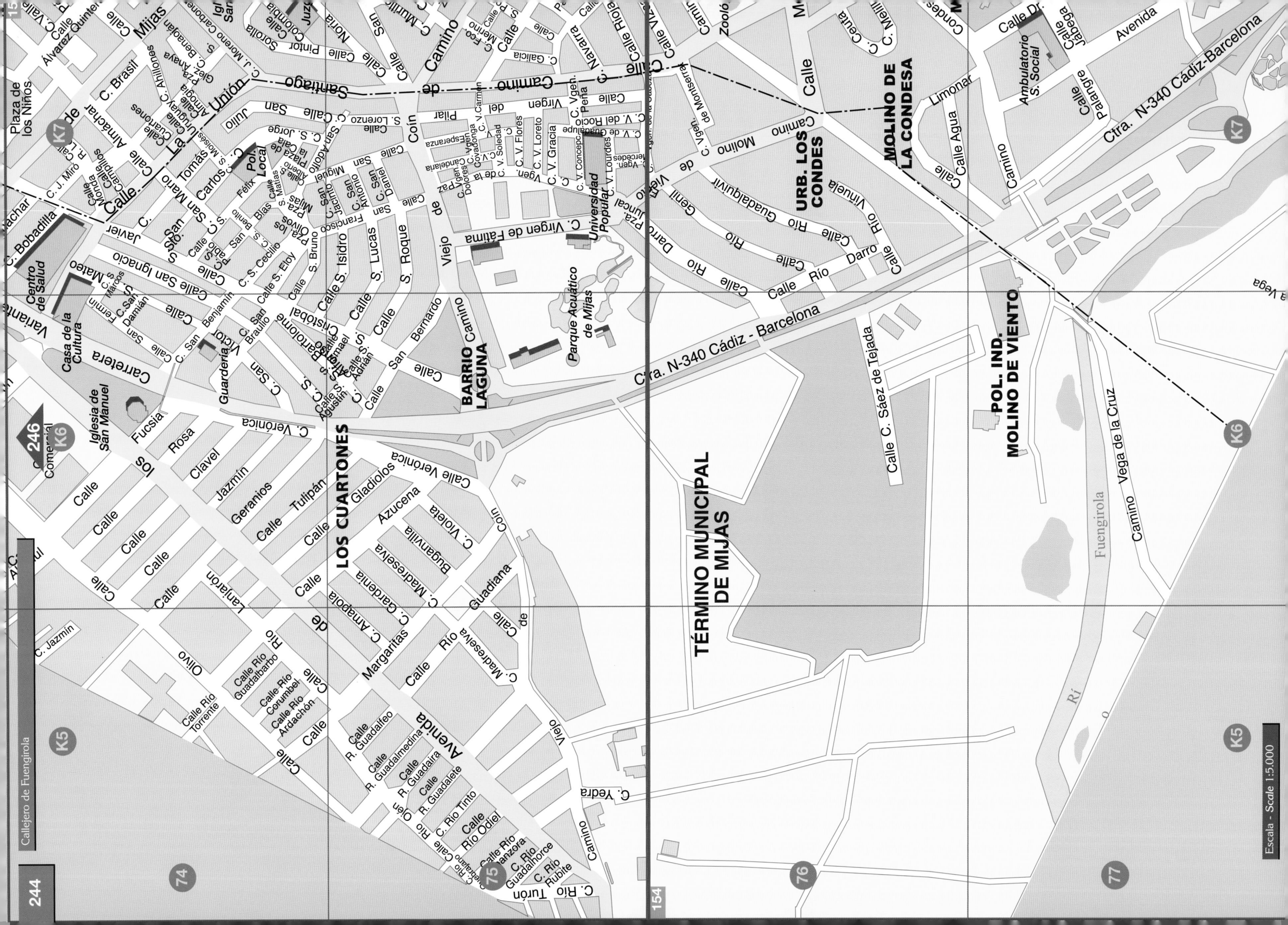

URB. HA
DEL ALGA

GRUPO
LAS CUEVA

COM
ACA

MATAGORDA

LA

C. Vive

C. San
Cristóbal
C. E. F. de la
C. W. Fdez.
Pza.
La
C. del de

C. M. Falla
C. Cartama

C. Mtro. Albéniz

URB.
DON PEDRO

Palacio
Cultural

Pabellón Cubierto
Juan Gómez

Piscina Cubier
Municipal

K8

K8

C. Maestro

C. Granados

Avenida

Alcalde

C. Mtro. Albéniz

Fuengirola

A-387

Calle Fuengirola

a

Depósito Mpal.
de Vehículos

Avenida

Guardia
Civil

Campo de Deportes
Elola

Inca

Pza. Islas
Baleares

C. Mahón

Calle Mallorca

C. Calerita

Calle Real

C. Rancho

Carretera

C. Matagorda

N-340

del Telar

Gomera

C. El Hierro

Isla

C. Minio

las Cañadas

C. Jubrique

C. Gaucín

C. Pizarra

Variante

Calle

Isla

Isla

Formentera

URB. EL
LONGAREJO

Calle Gaviota

Calle

Calle

EL BOQUETILLO

Calle

Calle

Cuo.

C. Águila

Polideportivo
Las Cañadas

C. Colibrí

Calle

Golondrina

C. Viñuela

Carretera Isla de Lanzarote

Calle

Calle

Calle

Isla de Ibiza

C. Cabrera

C. Hnos. Cortés

C. Tórtola

C. Ave María

San Elías

Castillo

Calle

K7

K7

244

Rubí

Calle

Calle

S. León

Calle

Sta. María

Kennedy

Hnos. Beltrán

C. Mijas

Calle

C. M. Márquez

Calle

Camino

Cañadas

BDA. DE
CAMPANAL

C. Ágata

C. Ancla

Estrella

Calle

Calle

Cádiz

C. Ravel

C. Albéniz

Sdor. Rueda

C. Jaén

Huelva

Sevilla

Calle

Laura

C. Inés

Bomberos

Larga

Calle

Calle

C. E. Ocón

C. E.
Pio

Beatriz

Calle
Diamante

Calle

Calle

Palomar

Juan

Sta Elena

Santa

Calle

Calle

Granate

San

Sta Mónica

Santa

Gema

C. Amatista

C. Zafiro

C. Perla

C. Topacio

Calle

C. Sta. Teresa

Calle

N-340

Ave

C. Campanales

C. Turquesa

Calle

Jilguero

Calle

C. Sta. Fabiola

Calle

Mijas

Santa Lidia

C. Santa Lidia

Santa Teresa

C. Sta. Isabel

Calle

Calle

de

Roble

K6

K6

C. S. Dionisio

San José

San Pedro

Calle San

Calle

Avenida

Calle Pino

Calle Ébano

Calle

C. Álamo

Encina

Calle

S

Escala - Scale 1:5.000

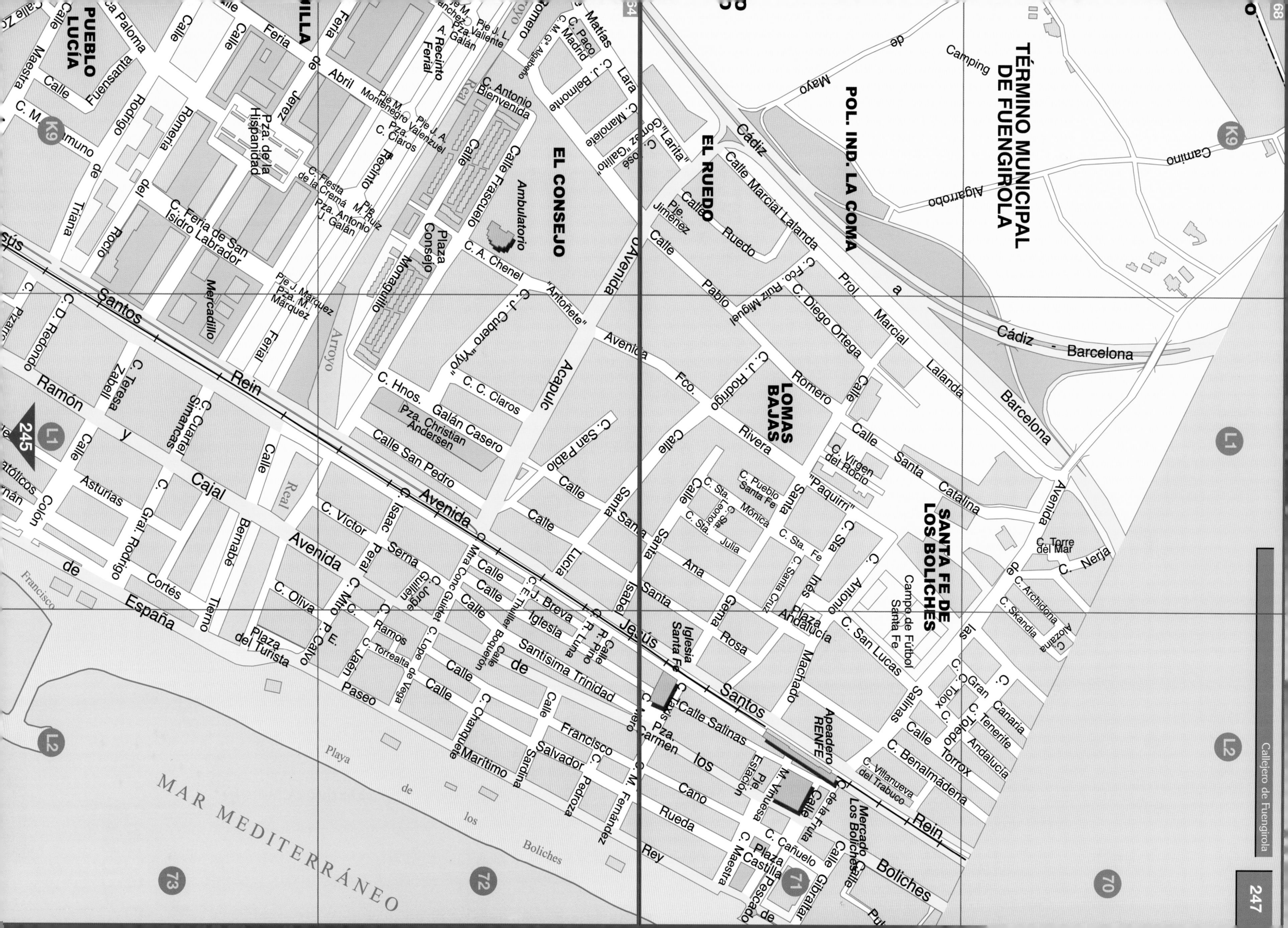

PUEBLO LUCÍA

TÉRMINO MUNICIPAL
DE FUENGIROLA

Camping

Camino

Algarrobo

de

Mayo

POL. IND. LA COMA

Cádiz

EL RUEDO

Calle Marcial Lalanda

Cádiz - Barcelona

a

Barcelona

Marcial Lalanda

EL CONSEJO

Recinto Ferial

Plaza Consejo

Ambulatorio

C. A. Chenel

"Antoñete"

C. Hnos. Galán Casero

Pza. Christian Andersen

Calle San Pedro

Avenida

Acapulc

Calle

Santa

Santa Lucia

Romero

LOMAS BAJAS

Rivera

C. Virgen del Rocío

Santa Catalina

SANTA FE DE LOS BOLICHES

C. Torre del Mar

C. Nerja

Santos

Rein

Ramón

Cajal

Avenida

de

España

Plaza del Turista

Playa

MAR MEDITERRÁNEO

de

los

Boliches

Callejero de Fuengirola

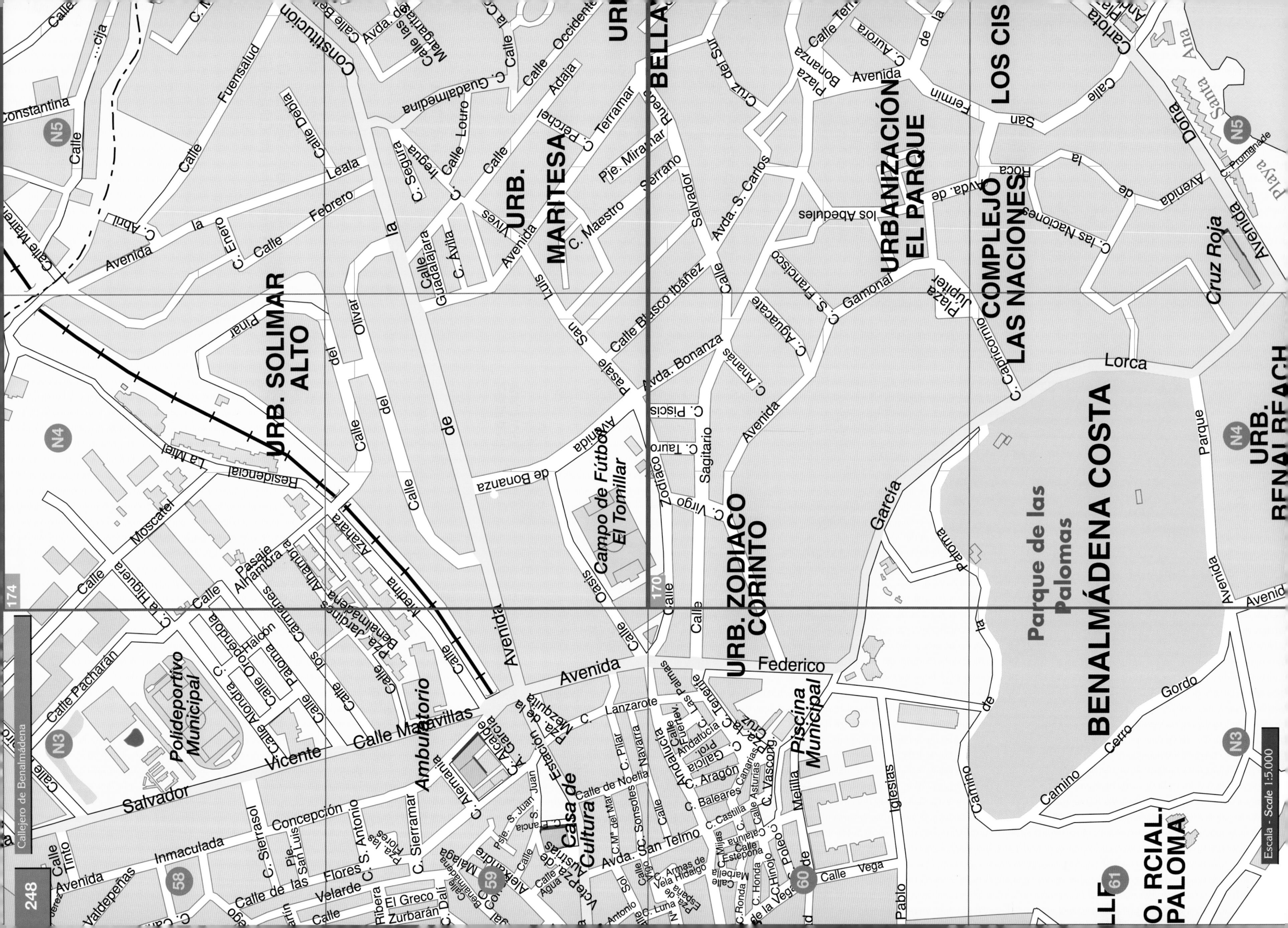

URB.
EL CASTILLO

URB.
EL CASTILLO

URB. FUENTE
DE LA SALUD

TORREBERMEJA

PUEBLO
MARINERO

URB.

Paseo

Playa de Torrebermeja

Salamanca

Club Náutico

Plaza Olé

Avenida

Antonio

Cno. Real de la Carihuela

Correos

Calle las Acacias

Calle Camelias

Calle Adelfas

Calle Almendros

Avenida

C. los Naranjos

Calle Córdoba

Calle Malagueña

Avenida Malagueña

C. Ortigosa Cameros

C. Pueblo Paco

Cno. del Saltillo

Oficina de Turismo

Carretera

N-340

Calle del Saltillo

Calle Nicaragua

C. Murillo

Pza. Periodista J. de Dios Mellado

Parque Submarino

Capitanía del Puerto

PUERTO DEPORTIVO

Machado

Avenida

Calle del Mediterráneo

Calle de la Fragata

Calle Velázquez

Calle Goya

Playa Fuente de la Salud

Plaza

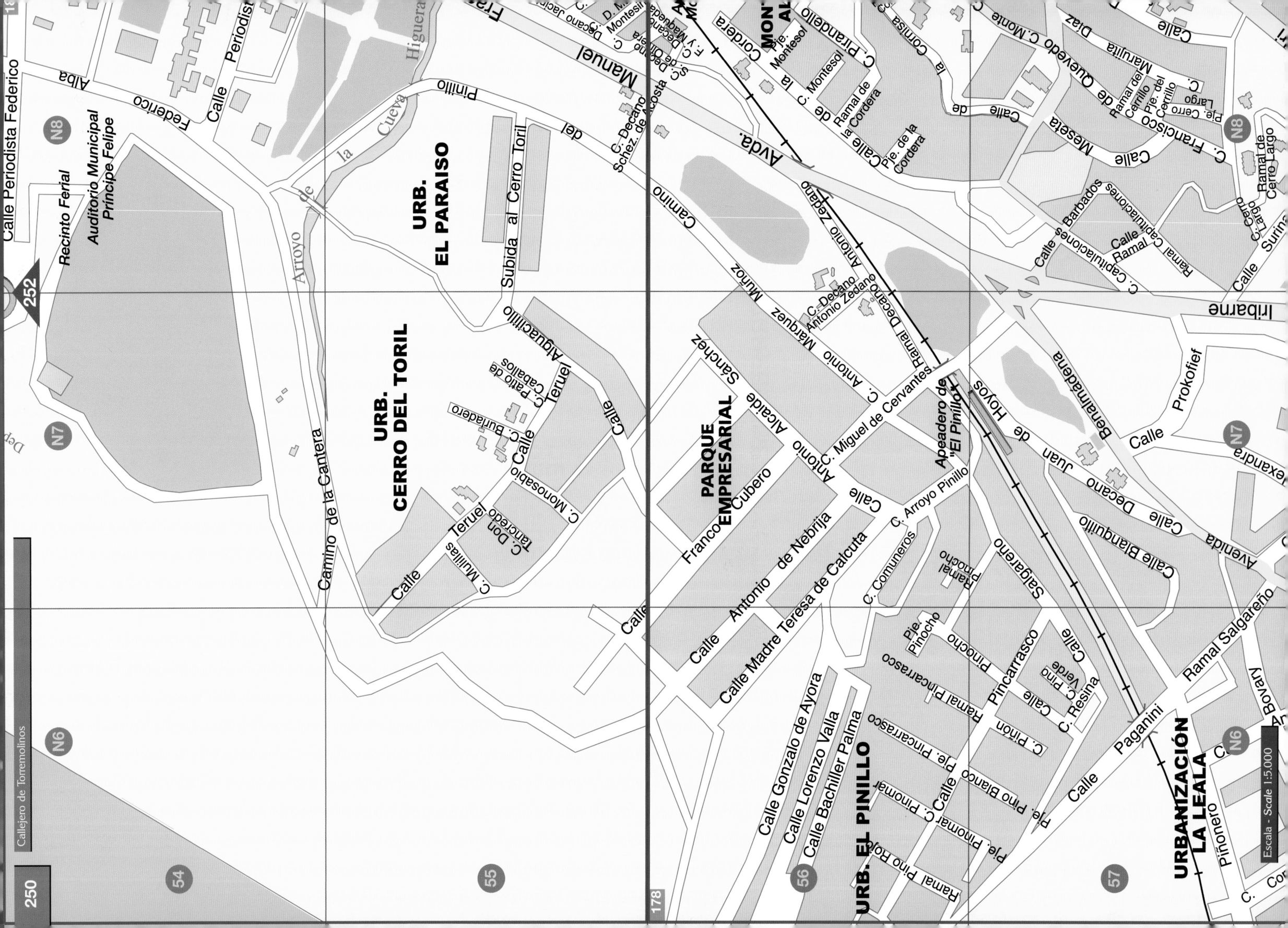

N8
N7
N6

252

N8
N7
N6

URB. EL PARAISO

URB. CERRO DEL TORIL

Recinto Ferial

Auditorio Municipal Príncipe Felipe

Calle Periodista Federico

Calle Periodista

Calle Alba

Calle Federico

Calle Higuera

Calle Manuel

Arroyo de la Cueva

Camino de la Cantera

Camino del Pinillo

Subida al Cerro Toril

Calle Aiguacillillo

Calle Teruel

Calle Patio de Caballos

Calle Burladero

Calle Don Tancredo

C. Monosabio

Calle Teruel

Calle Murillas

Calle D. M. Montesi

C. Decano Jacin

C. Decano Schez. de Acosta

MON AL

C. Montesol

C. Montesol

C. la Cornisa

Calle Monte

Calle Marbella

Calle de Quevedo

C. Francisco

Calle Meseta

Ramal del Cerrillo

Pje. del Cerrillo

Calle del Largo

Calle Ramal de Cerro Largo

Calle Surina

Calle Barbados

Calle Ramal Capitulaciones

C. Capitulaciones

Ramal de la Cordera

Pje. de la Cordera

Calle de la Cordera

Avda.

Camino

Antonio Zegano

Marquez Muñoz

C. Antonio Zedano

C. Decano Antonio Zedano

Ramal Decano

PARQUE EMPRESARIAL

C. Decano Sánchez

C. Miguel de Cervantes

C. Antonio Alcalde

Calle Franco Cubero

Calle Antonio de Nebrija

Calle

Calle Madre Teresa de Calcuta

Apeadero de "El Pinillo"

Calle de Hoyos

Calle Juan de

Calle Decano

Calle Benalmádena

Calle Prokofief

Calle Blanquillo

Calle Blanca

Avenida

Calle Alexandra

C. Arroyo Pinillo

C. Comuneros

Ramal Pinocho

Calle Pincarrasco

Ramal Pincarrasco

Pje. Pincarrasco

Pje. Pinocho

C. Piñon

C. Pino Verde

Calle Pino Resina

Calle Salgareño

Calle Paganini

Ramal Salgareño

URBANIZACIÓN LA LEALA

Calle Piñonero

C. Bovary

Calle Gonzalo de Ayora

Calle Lorenzo Valla

Calle Bachiller Palma

URB. EL PINILLO

Ramal Pino Roj

Pje. Pinomar

C. Pino Blanco

Pje. Pincarrasco

C. Pinomar

Calle

54
55
56
57

Escala - Scale 1:5.000

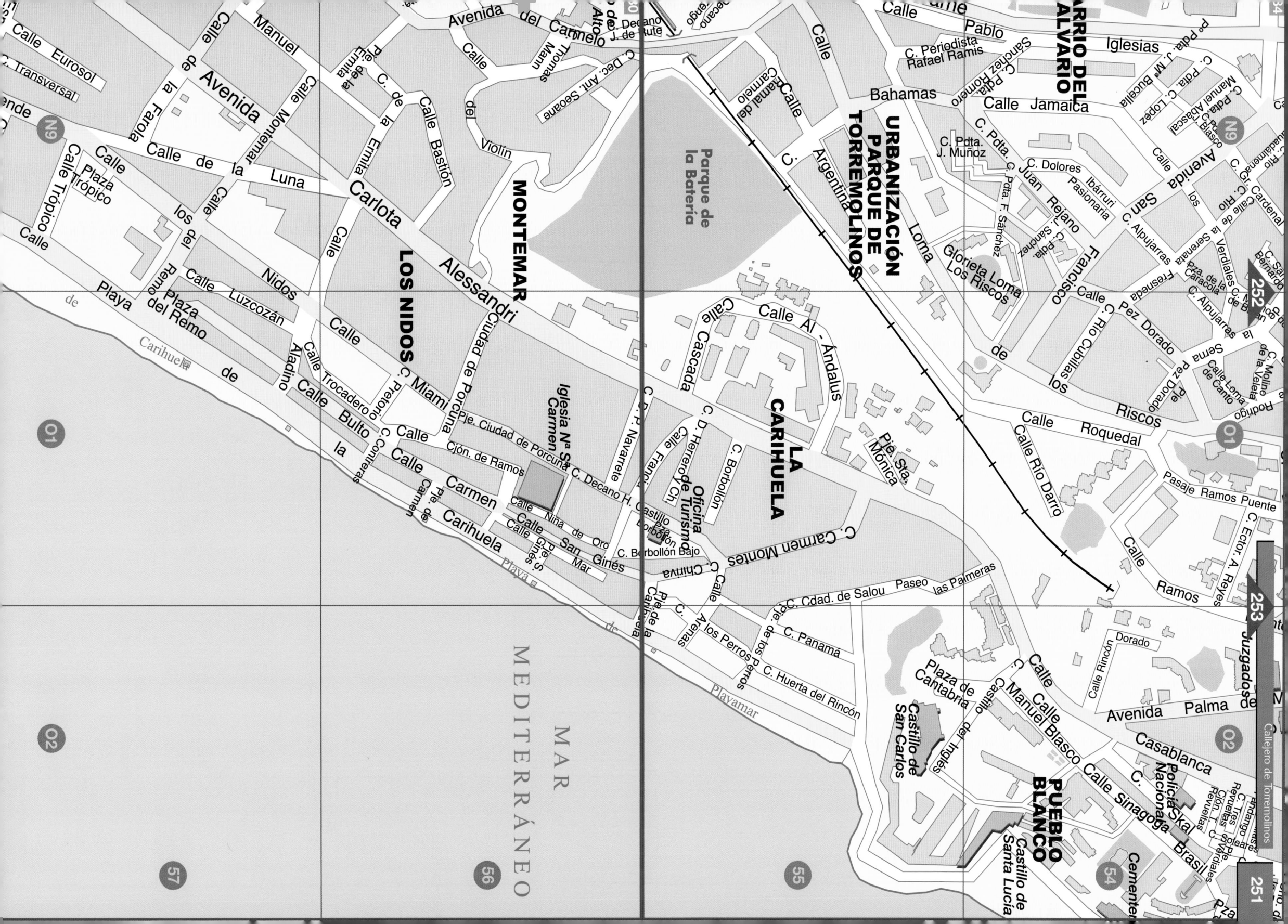

Calle Eurosol
~ Transversal
-ende
Avenida
Calle
Calle
Manuel
Avenida
del
Carmelo
Thomas Mann
del Carmelo
Avenida
Ramal del Carmelo
Calle
Calle
Pablo
Iglesias
BARRIO DEL
CALVARIO

C. Periodista
Rafael Ramis
Bahamas
Calle Jamaica

Plaza
Trópico
Calle Trópico
Calle
Calle
Calle
Calle de los del
Calle Montemar
Calle de la Farola
N9
de
la
Luna
Calle Bastión
Calle del Violín
Ermita
C. de la Ermita
Pje. de la Ermita
Carlota
MONTEMAR
Parque de
la Batería
URBANIZACIÓN
PARQUE DE
TORREMOLINOS
C.
Loma Argentina
C. Pdta. J. de Bute
C. Dec. G. Pdta. G.
C. Pdta.
J. Muñoz
C. Juan Rejano
C. Dolores Ibárruri
Pasionaria
C. Blasco Ibáñez
C. Pdta. F. Sánchez
Glorieta Loma
Los Riscos
Avenida
San
Francisco
C. Cardenal
Pza. de
S. Bernardo
C. Pdta. C. López
C. Manuel Ascasi
C. Pza. de la Serrana
C. Verdiales de la Veleta
C. Alpujarras
C. Caracola
Fresneda
C. Pez Dorado
C. Alpujarras
C. Molino de la Veleta
Río Cubillas
Serna
Pie. Loma de Canto
C. Rodrigo
LOS NIDOS
Calle Alessandri
Calle Nidos
Calle Luzcozán
Plaza del Remo
Remo
Plaza del Remo
Playa
de
Cerihuela
Calle
Calle
Calle
Calle Miami
Ciudad de Porcuna
C. Pretoria
C. Trocadero
C. Conferas
Aladino
Calle
Calle Bulto
Calle
la
de
Carmen
Carihuela
Pie. de Carmen
Calle
Pje. Ciudad de Porcuna
Iglesia Nª Sª
del Carmen
C. Decano H. Castillo
Cjón. de Ramos
C. P. Navarrete
Calle Niña de Oro
Calle San Ginés
Pje. S. Ginés
Calle
San Mar
C. Borbollón Bajo
C. Borbollón
C. Franci.
C. D. Herrero y Ch.
Calle
Cascada
Calle
Calle Al - Andalus
LA
CARIHUELA
Oficina
de Turismo
Pje. Sta.
Mónica
Calle de
los
Riscos
Calle Roquedal
Calle Río Darro
Calle
Pasaje Ramos Puente
C. Ector. A. Reyes
Playa
MAR
MEDITERRÁNEO
Playamar
C. Chirva
C. Carmen Montes
Calle Chirva
Calle
Pie. de la Carihuela
Calle Areas
C. A los Perros
C. Panamá
C. Cdad. de Salou
Paseo
las Palmeras
C. Huerta del Rincón
Calle Rincón
Dorado
Plaza de
Cantabria
Castillo de
San Carlos
Calle
Calle Manuel Blasco
Calle del Inglés
Castillo
Policía Skal
Sinagoga
Nacional
PUEBLO
BLANCO
Castillo de
Santa Lucía
Avenida
Palma
Casablanca
Calle
Brasil
C.
Cementer-
C. Tres Revueltas
Cjon. T. Revueltas
C. Verdiales
C. Pje. Revueltas
Fandango
Soleares
C. Verdiales

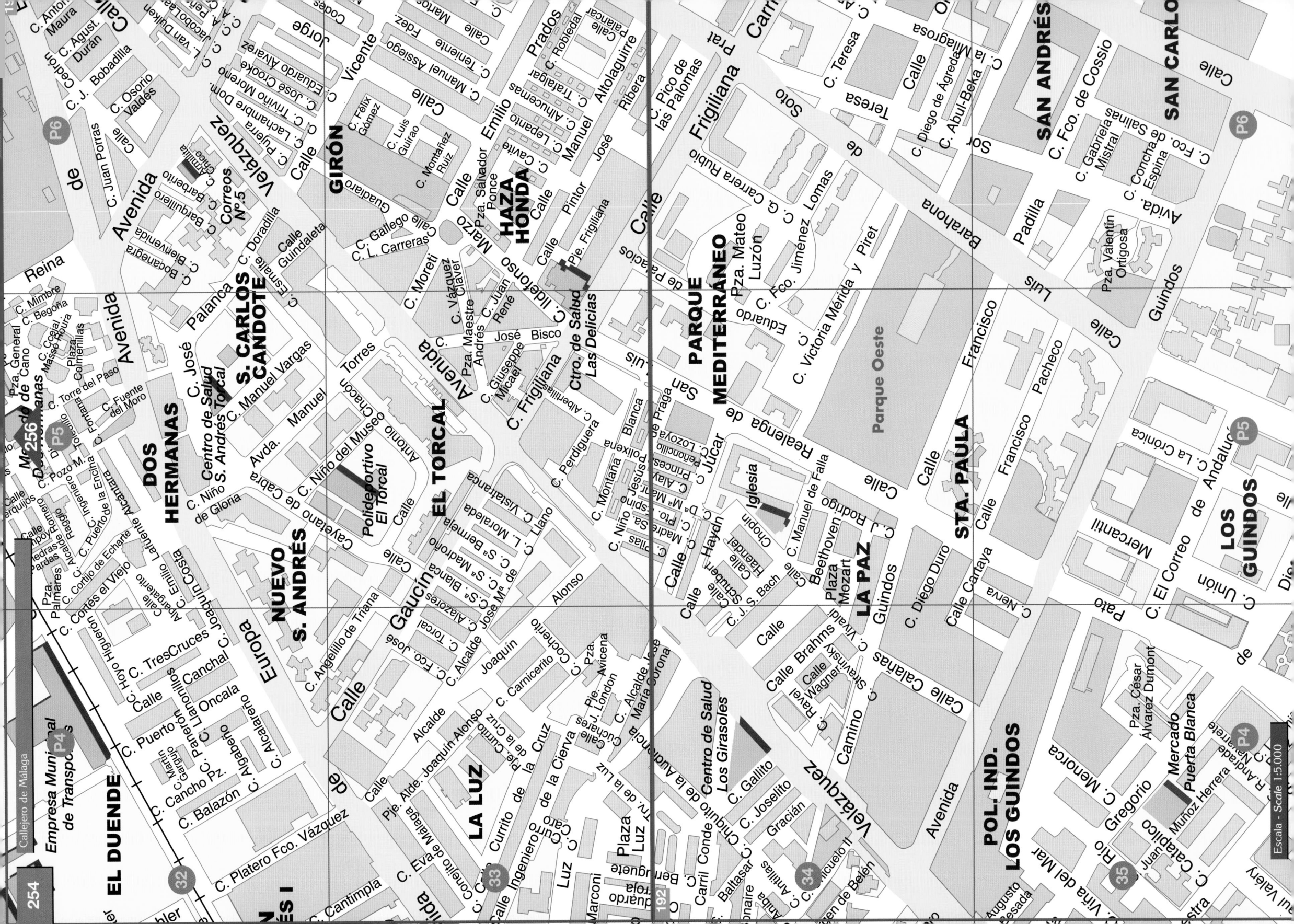

ALASKA

Playa

de

Playa

de San Andrés

San

Andrés

PACÍFICO

AVE MARIA

TABACALERA

HUELÍN

Calle

C. Conejal Muñoz

Sor Teresa

Prat

Paseo

Antonio

Machado

Plaza de Huelín

Cervantes

Pacífico

Rein

C. Peñón del Berrueco

Carlos

Gta. Antonio Molina

C. Virgen del Mar

C. S. Antonio

C. Lugo

C. Julio Cortázar

Cañada del Tesoro

Paul

Ballesteros

Tomasetti

C. Isla

Cristina

Spiter

C. Alberto

Paloma

C. Rute

C. Cmte. Román

Plaza Sauceda

Calle

Princesa

Calle Don Latino

Consultorio Médico

Mercado

Junta Mpal. Distrito Ctra. de Cádiz

C. Guadalete

C. Infantes

C. Bilbao

C. Almirante

C. Cañizares

C. Ferraz

Navas

Calle Arganda

Mendoza

C. Altamira

C. Vargas Ponce

C. José Ferrer

C. Antonio

257

P7

P8

P9

35   34   33   32

Callejero de Málaga

255

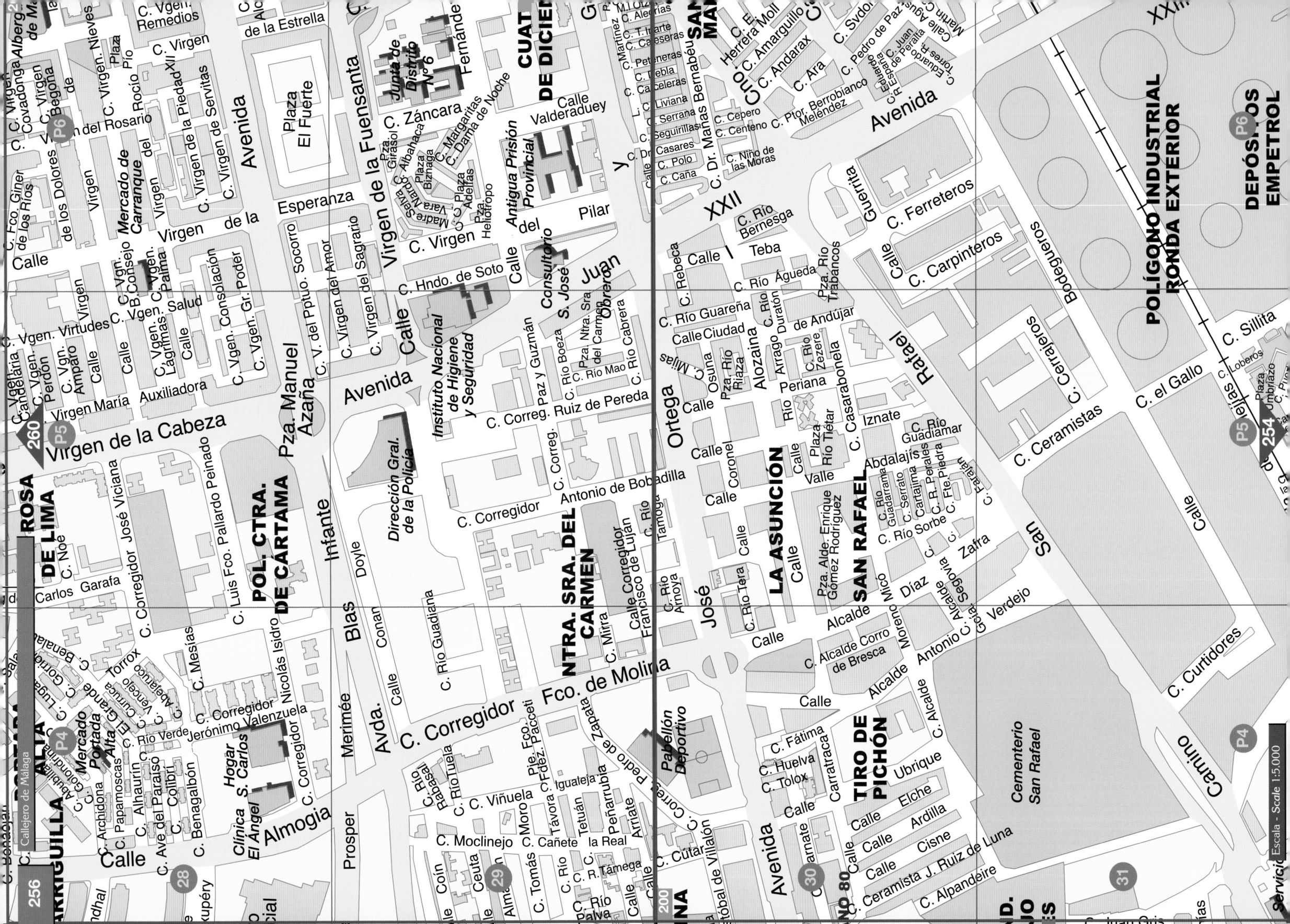

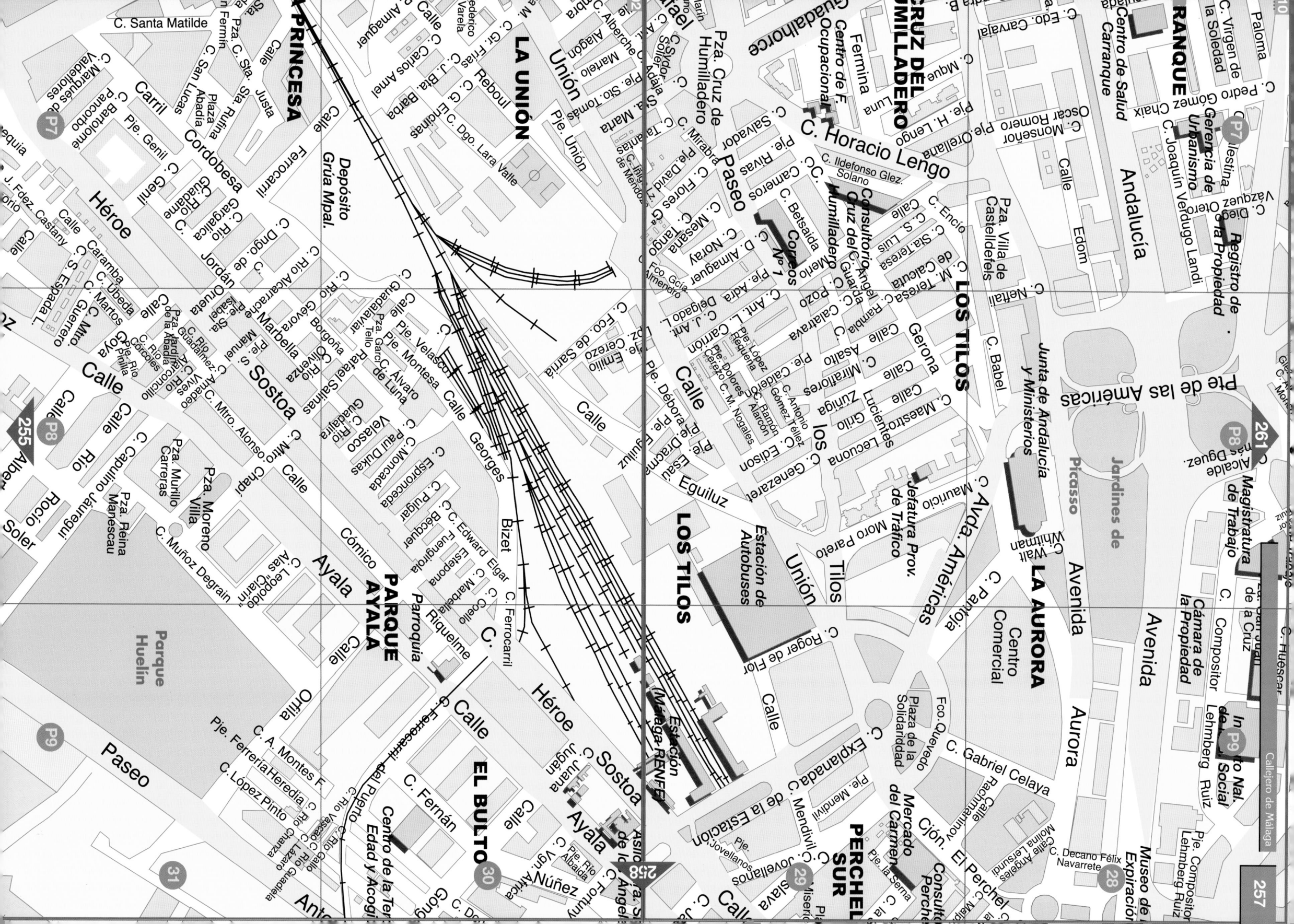

C. Santa Matilde

PRINCESA

LA UNIÓN

CRUZ DEL HUMILLADERO

C. Horacio Lengo

RANQUE

LOS TILOS

Andalucía

P7

P7

C. Virgen de la Soledad

Centro de Salud Carranque

Gerencia de Urbanismo

Registro de la Propiedad

Paseo

PARQUE AYALA

Parque Huelin

EL BULTO

Héroe

Sostoa

Calle

Calle Georges

Ayala

LA UNIÓN

Pza. Cruz de Humilladero

Centro de F. Ocupacional

Corsos Nº 1

LOS TILOS

Pza. Villa de Castelldefels

C. Babel

Junta de Andalucía y Ministerios

Pte de las Américas

Jardines de

P8

P8

255

261

Estación de Autobuses

LOS TILOS

Jefatura Prov. de Tráfico

Unión

Tilos

Avda. Américas

Picasso

LA AURORA

Avenida

Aurora

Magistratura de Trabajo

Estación (Málaga-RENFE)

Plaza de la Solidaridad

Centro Comercial

Avenida

Cámara de la Propiedad

Mercado del Carmen

PERCHEL SUR

Museo de

P9

P9

Paseo

Parroquia

Héroe

Sostoa

Ayala

Calle

Calle

El Perchel

31

30

258

29

28

257

Callejero de Málaga

PUERTO

Muelle de
Pescadería

Lonja

(En Construcción)

Terminal de Viajeros
Estación Marítima
Aduana
Junta del Puerto

Diputación
Provincial

Pº. España

C. Ancla
S. S.
de Dios

Plaza
Marina

Calle Martínez

Consultorio Centro

Agustín Heredia

Campos

C. Talavera
C. Pedro
de Mena
C. Arriarán

Estación de
Autobuses Suburbanos

Manuel

C. Córdoba

Principal

C. Pastora

C. Vendeja

de Blasco de Garay
C. Simonet
C. Barroso
C.
C.

C. Tomás de Heredia
C. Repeso

Juzgados

Avenida

C. Trinidad Grund
Calle
C. Casas
San
Latorre

C. Mtnez. Camposo
Calle
Pinzón
Lorenzo

Colón

Duquesa de Parcent

C. Atarazanas
C. Torregorda
C. Panaderos

Alameda

Calle

Somera
C. Conceiero
Rguez. Soria

Museo Acuario
Aula del Mar

Servicio Andaluz de Salud

Calle
Comisario

Kiu. del Mar

262
Q2

Calle
Alhóndiga
C. Guillén
de Castro

Alameda

C. Hoyo de
Esparteros
C. Ordóñez

ENSANCHE
CENTRO

Estación F.C.
(Centro Alameda)

Pte. de la
Misericordia

C. Linaje

C. Alemania

Pje. del
Perchel
Pje. Valencia

Benítez

C. Navalón

Avenida Cmte.

Pte. Carmen

Cofradía de Pescadores

Central

Calle
Majara

Calle
Cerezuela
Q1

Pte. de la
Esperanza

Ción.
Prim

Pte
Tetuán

Calle
Villaescusa
Calle
Prim

Delegación
Ministerio
de Hacienda

Correos

Matadero

Vía

Pasillo

Pte. Ant. Machado

Q1

Puerto
Deportivo
(En Construcción)

Andalucía

Iglesia San
Pedro Apóstol

28

Pza. Enrique
Navarro
C. Arco
C. Ancha C. del Carmen
C. Pavía

Cuarteles

Salitre

C. Medellín

C. Angosta del Carmen

C. Duque de Olivares
Pje. S. Fndo.
Pje. Noblejas

San
Constancia
Andrés

29

Plaza de Toros Vieja

Canales
Calle

Pje. Moll
Calle

C. Alfonso Reyes

Verdaguer
C. Lebrija
Mina
C. Rollo
C. Pinto

Machado

30

C. Inza
C.
Grande Barajas

31

Centro
Comercial

Callejero de Málaga
258

257
204

Escala - Scale 1:5.000

Q3
Q2
Q3
Q1

Faro

Real Club Mediterráneo

(En Construcción)

Comandancia Militar

Jefatura de Carreteras

Instituto Oceanográfico

Gta. Jorge Guillén

P.º Marítimo

Comandancia Marina

C. Topete

C. Paraguay

Cdad.

C. Marchena

C. Magallanes

Calle Faro

C. Ptor.

G. del Castillo

M. Viret

R. Casilari

C. Reding

P.º de p.º de Melilla

Calle San

Calle Corinto

Paseo

C. Vélez-Málaga

Calle

LA MALAGUETA

263

LA MALAGUETA

Pza. la Malagueta

Playa de la Malagueta

Q4

Q5

Q6

Q4

Q5

Q6

31

30

29

28

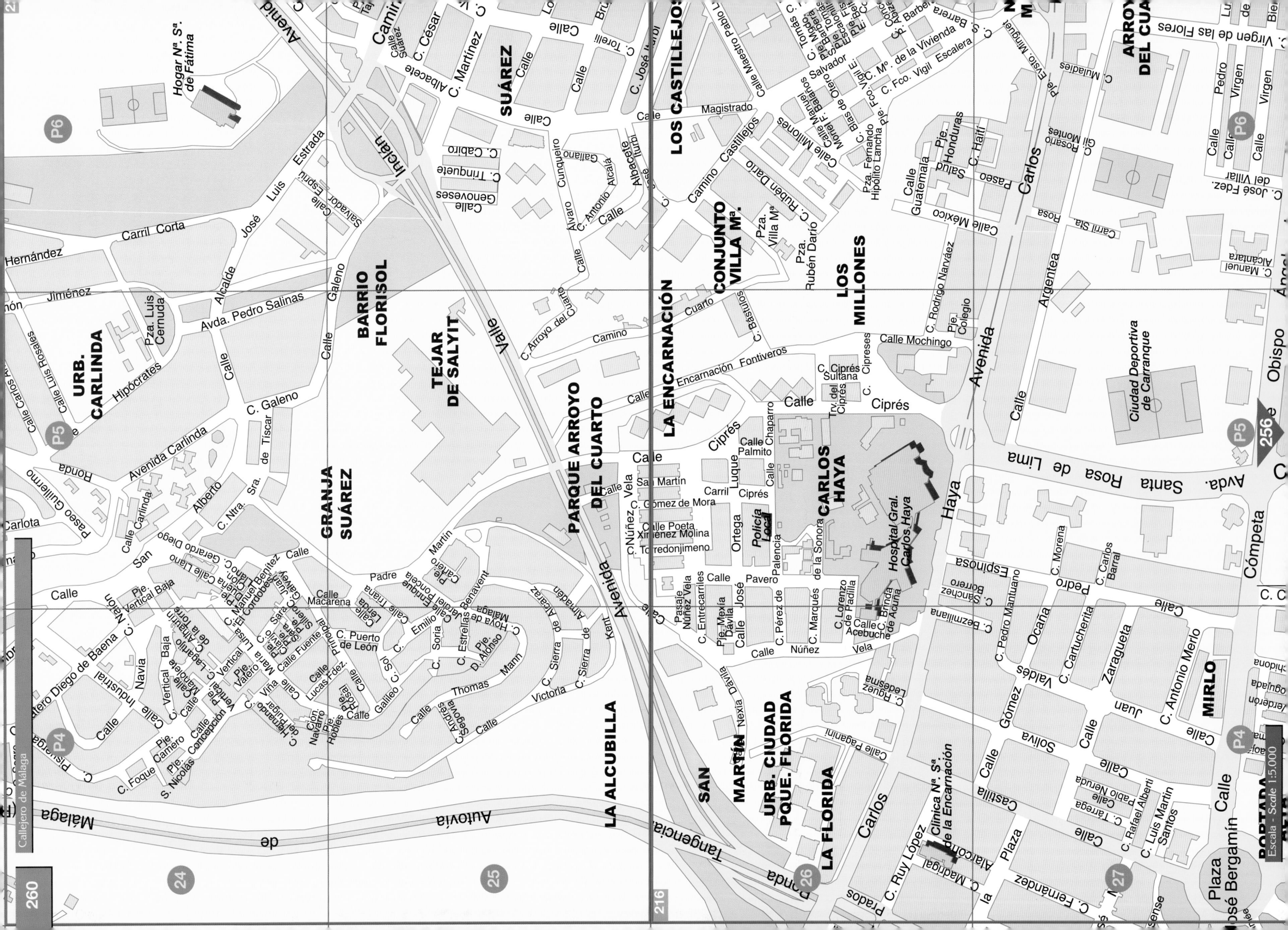

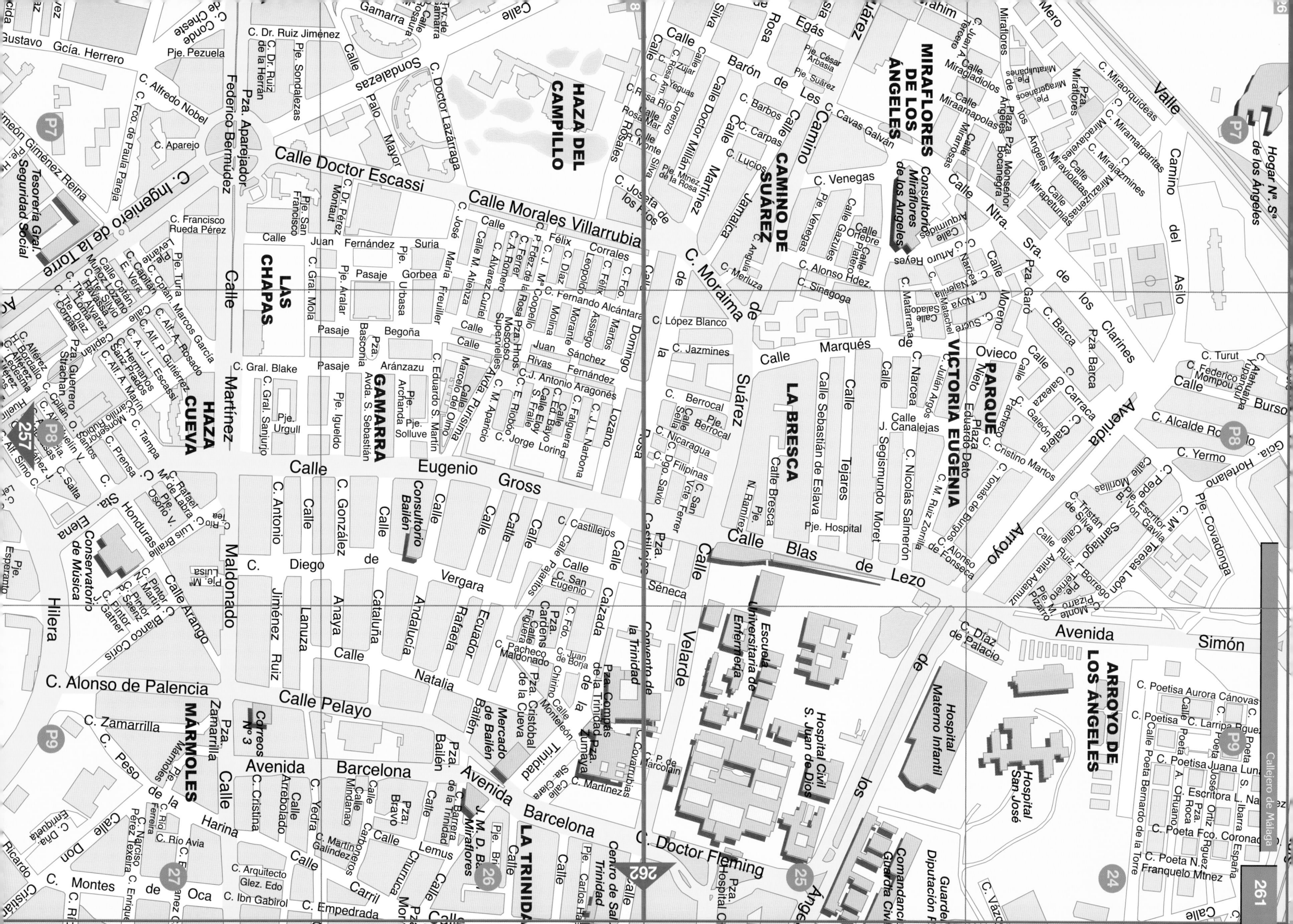

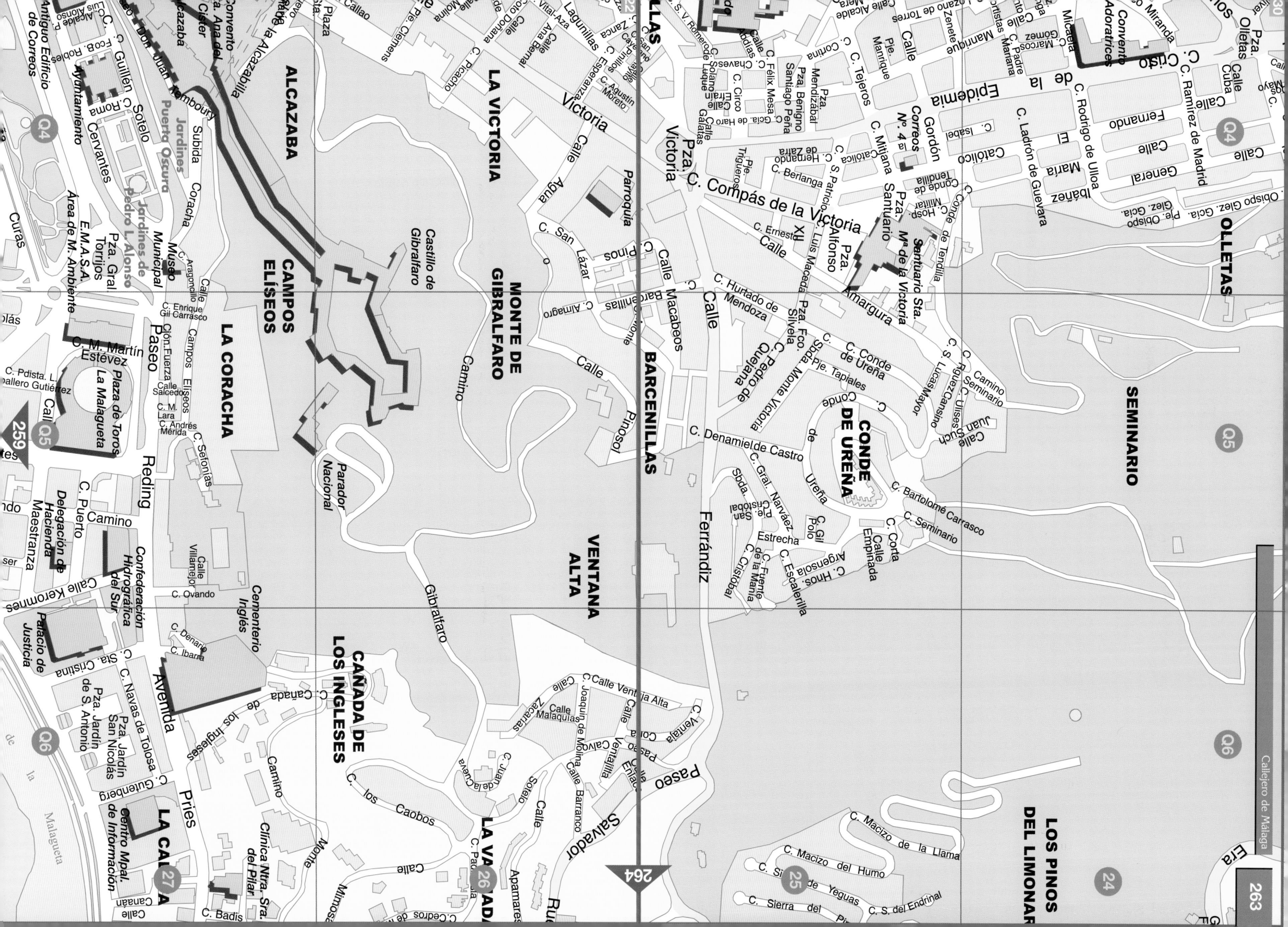

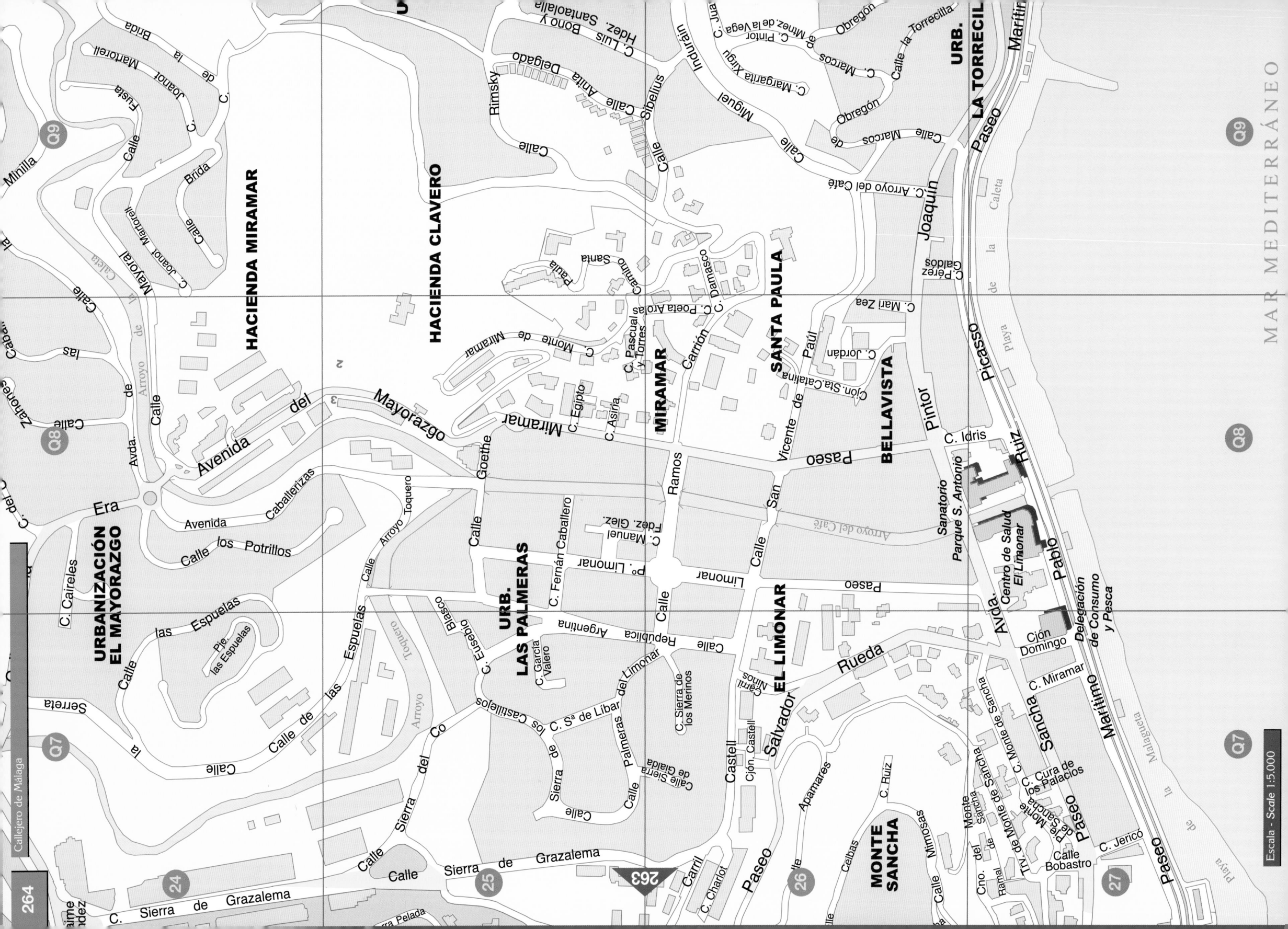

MAR MEDITERRÁNEO

URB. LA TORRECIL

HACIENDA MIRAMAR

HACIENDA CLAVERO

MIRAMAR

SANTA PAULA

BELLAVISTA

URBANIZACIÓN EL MAYORAZGO

URB. LAS PALMERAS

EL LIMONAR

MONTE SANCHA

Calle Minilla
C. Joanot Martorell
Calle Fusta
Calle de la Brida
C. Brida
Avenida del Mayorazgo
Avenida Caballerizas
Era
Calle los Potrillos
Calle las Espuelas
Calle de las Espuelas
Pje. las Espuelas
C. Caireles
Serreta
Calle Sierra del
Calle Sierra de Grazalema
C. Sierra de Grazalema
C. Charlot
Carril
Paseo
Calle Rimsky
C. Luis Bono y Hdez.
Calle Anita Delgado
Calle Santaolalla
Calle Sibelius
Miguel Induráin
C. Margarita Xirgu
C. Marcos de Mtnez. de la Vega
Calle Marcos de Obregón
Calle la Torrecilla
Paseo Marítimo
Arroyo del Café
Joaquín
Pérez Galdós
C. Mar Zea
C. Mar Jordán
Cjon. Sta. Catalina
Paul
Picasso
Pintor
C. Idris
C. Mayorazgo
Goethe
Ramos
San Vicente de Paseo
Calle
Calle
Calle
Paseo
Salvador Rueda
Castell
Cjón. Castell
Argentina
Calle República
Carril Niños
C. García Valero
C. Sª de Líbar
C. Sierra de los Merinos
Calle Sierra de Gialda
Calle Palmeras del Limonar
Calle de los Castillejos
Arroyo Toquero
C. Eusebio Blasco
C. Fernán Caballero
Manuel Fdez. Glez.
Pº. Limonar
Calle Limonar
Limonar
Apamares
C. Ruiz
Monte de Sancha
C. Monte de Sancha
Trv. de Monte de Sancha
Cno. del Ramal de Monte de Sancha
C. Cura de los Palacios
Calle Bobastro
C. Jericó
Paseo Marítimo
Pablo Ruiz
Sancha
C. Miramar
Cjón Domingo
Delegación de Consumo y Pesca
Centro de Salud El Limonar
Avda.
Parque S. Antonio
Sanatorio
Santa Paula
C. Poeta Arolas y Torres
C. Pascual y Torres
C. Monte de Miramar
Miramar
C. Egipto
C. Asiria
C. Damasco
Carrión
Santa
Paula
Playa de la Caleta
Playa de la Malagueta
Playa

Escala - Scale 1:5.000

Calle Rocío

Sorolla

Pablo

Bruno Walter

C. Antón Chejov

Calle Enrico

Calle

C. Giovanni

Toselli

Pergolesi

Paisello

Federico Fellini

Calle

URB.
OCÍO

QUE
VERO

IZACIÓN
VERO

C. Mirador del Cerrado

Ruiz

C. Levi Ruiz

Calle Isidro

Antiguo Balneario
del Carmen

Balneario del Carmen

EL MORLACO

Parque del
Morlaco

C. Chopera

Picasso

Camino

Desviación

Calle Ramal Rodeo

Calle

Calle Rodeo

Calle Gañania

Calle Chumberas

C. Conejeras

Calle Flamencos

URB. CERRADO DE
CALDERÓN

Calle

Calle

Sendero del

Calle Flamencos

Calle

Calle Arces

Camping

C. Arroyo
del Leñar

C. Cortada

C. Cueva de la Pileta

Parque

Calle

Sendero del Parque

Calle Arpa

Mayores

Cjón. Pepe
Lapena

C Torre S. Telmo

C. Ruiz Toro

Pza. Ruiz
Valle

Paseo Cerrado

del Calderón

Pje. Cáceres

Pje. Andaluces

C. Andaluces

Calle

Calle

Calle Olmos

Calle

Calle Pino Padre

BAÑOS DEL
CARMEN

TORRE DE
SAN TELMO

LA VIÑA

Calle Vihuela

Calle la Celesta

Calle

Calle

Calle Pepita Jiménez

Calle Jarama

Calle Nisau

Calle Unidad

Calle Cáceres

Calle Pimienta

Pje. Liebre

Liebre

C. Pez
Plata

Trv. Solano C. Sª de la Victoria

Calle Vicente

Pje. Espinel

C. Ovidio

Pje. Pérez Escrich

C. Pina Domínguez

Cañada Antigua Rica del Herrador

C. Costa

Pje. Don Carnal

Calle Panorama

C. Ferrari
Blanco

Cjón.
Perejil

Cjón. Marina

C. Varado

PEDR

Pje. Odisea

Ntra.

C. Alberto Lista

Serafines

C. Chui

C. Tiriti

Paseo

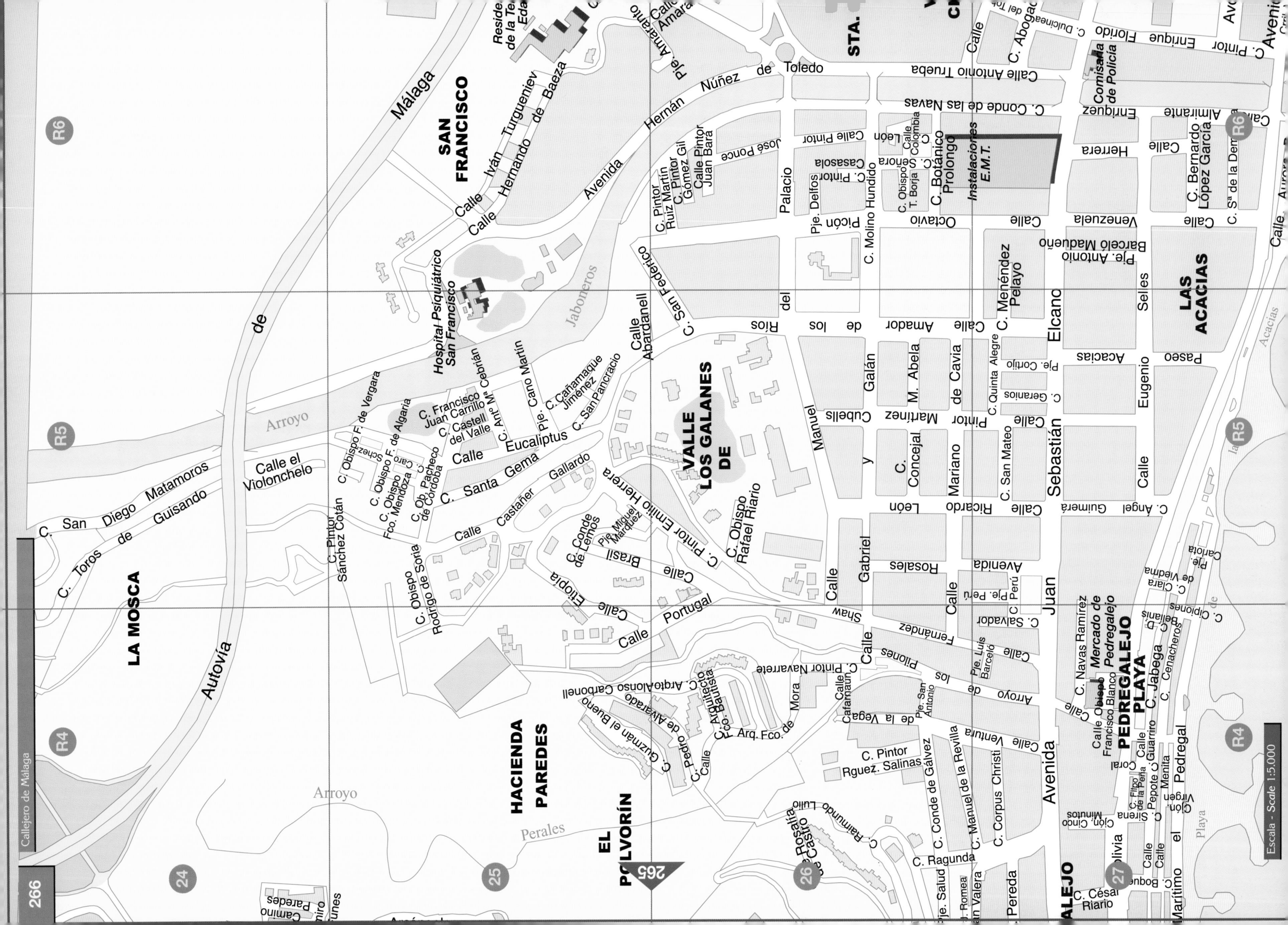

R7

R8

R9

R7

R8

R9

24

25

26

27

EL LAGARILLO

PINARES DE
SAN ANTÓN

MIRAFLORES ALTO

SAN ISIDRO

EL DRAGO

EL PALO

C. Mar

LAS CUEVAS

MIRAFLORES
DEL PALO

LA PELU

Baroja

C. Arquitecto E. Estévez

Plaza Miramar
de El Palo

Avenida Estación

A. Carrillo de Albornoz

magno

Correos
Nº 6

Guardia
Civil

Pza.
Cardenal
Mendoza

Mercado
El Palo

Biblioteca

Junta Mpal.
Distrito Este

C. Guill.
Rittwagen

Frias

Pje. Ntra.
Sra. del Pilar

C. Panamá

Zapata

Trv. Marcos
Zapata

Calle

Calle
España

Pje. Caserío

C. Pintor
Grarite

Calle
el Palustre

Calle
Luis
Taboada

Calle

Princesa

Calle
Irene

Calle
Álava

Calle Aragón

C. Pintor
Grarite

Camino

San
Antón

Calle
Francisco

Calle

Calle

San
Isidro

Ramón. G.
laSerna

C. Drago

Calle Almendros

Avda. San Antón

San Antón

Club de Tenis
Málaga

Calle
Tulipanes

C. Laricio

Calle
Magnolios

C. Laúd

C. Esculter
Paco Palma

Calle Visconti

C. Castañer
y Vílchez

C. Pintor
E. Ocón

Pje. Blasco
Ibáñez

C. Blas
Palomo

Calle

C. Doña
de Tolosa

Valparaíso

C. Zamora

C. Girasol

Calle
Uruguay

Pje. Mora Real

Calle Joseta
del Río Peña

Calle
Padre Hidalgo

Villafuerte

Calle
Clavel

Calle
Chile

Don
Diego de Miranda

Calle
el
Campeador

Calle
de Alora

C. Campo
de Sevilla

Calle Montiel

Calle Caballo
de Gonzia

Calle Cid

Calle
Navarra

Calle
Galicia

Calle

Extremadura

Calle
Reina
Juliana

Reina

Calle

Calle
Pablo
Sarasate

C. Maestro
Serrano

C. Nicanor Zabaleta

C. Arabia

C. Altillo

C. Arroyo Montiel

C. C.

Pza.
Arroyo

C. Padre
Arnáiz

C. Fuente
de Leganitos

C. Fuentezuela

C. Calero

C.
Caballero de la Cruz

C. Caballero Platir

C.
Calvario

Calle
Reino
de León

C.
Duque
de Béjar

Calle

Calle
Guipúzcoa

Reina

Fabiola

Calle
Escritora
Fuster

Calle
Teide

Calle
Gallardo

Manuel
León

Calle
Pérez
Liga

C.
Aljofaina

Calle
Efeso

C.
Antofagasta

C. Andes

C. Martínez Falero

Calle
Miraflores del Palo

C. Medina
Azahara

C. Escudero Hipólito

C. Arroyo de las Viñas

C. Joaquín
Quero

C. Pedro
Vivero

Calle
Gredos

Calle
Islas
Baleares

Calle
Vizcaya

Calle
Samaria

Calle
Escritora
Andrey

Brincio

Calle
Juan
Larrea

Calle
Antonio
Chéjov

Calle
Carlos
Cano

Almería

Avenida

Calle
del

Calle

Islas
Canarias

Calle
Picos
de Europa

Mont sery

Calle
Moncayo

Calle
Mulhacén

Calle
Idumea

C. Coloma

Calle
Asturias

C. Carlos
Valverde

erchundi

C. Caballero
del Bosque

C. Rodrigo de Saavedra

C. Caballero
de los Espejos

C.
de las Doncellas

C. Castillo
de Santángel

C. Frailes
de Santiago

C. Carlos
del Olivo

Idumea

C. Sidón

C. Poto

C. Suárez

C. Seis

C. Pedro

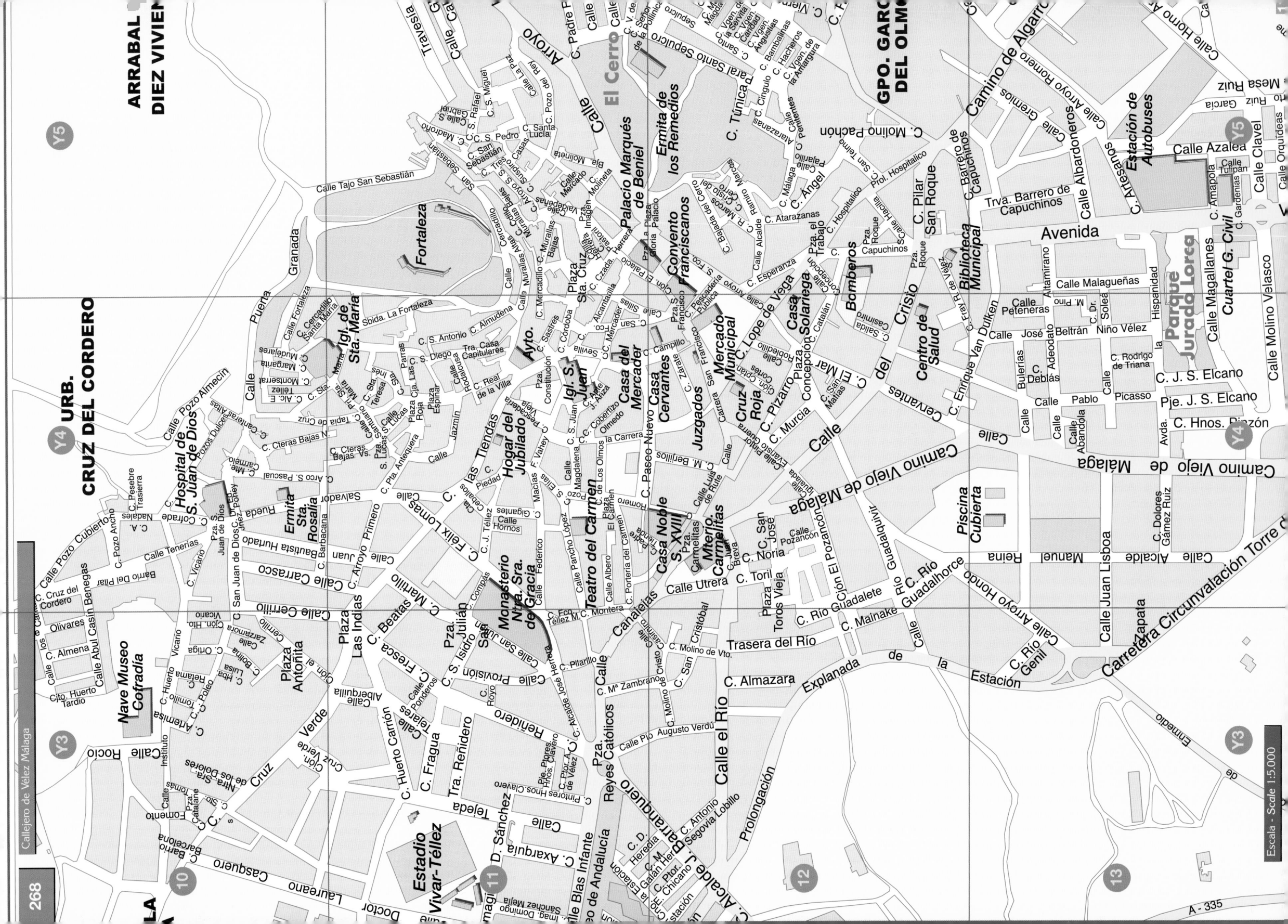

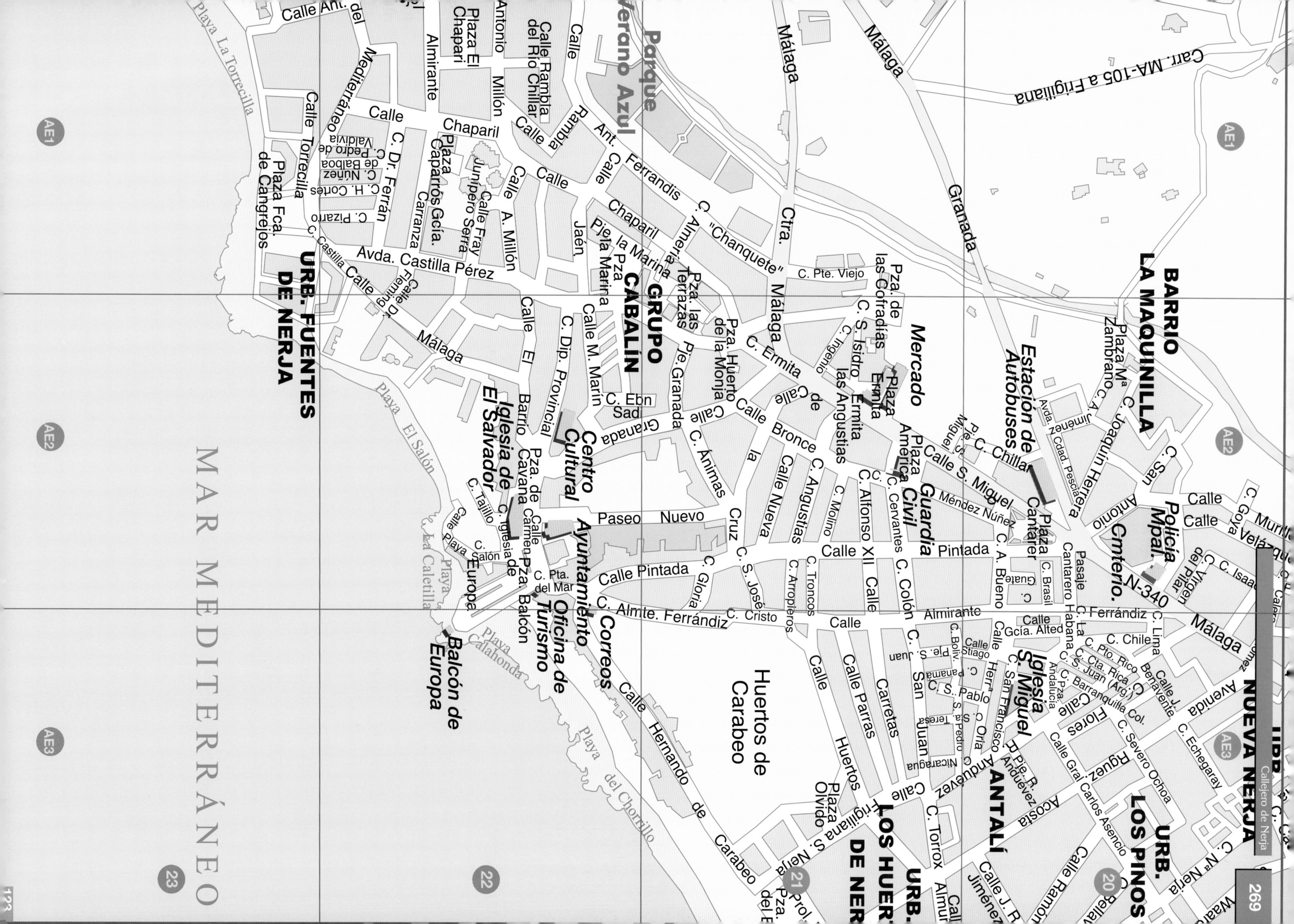

Calle Ant.
Calle
Calle del

Calle Rambla
del Río Chillar

Calle
Antonio
Millón

Plaza
El Chaparil

Plaza
Caparrós Gía.

Chaparil

Playa La Torrecilla

Plaza Fca.
de Cangrejos

Calle Torrecilla

Calle
Junípero Serra

Calle Fray

C. Dr. Ferrán

C. Pizarro

C. Castilla

Calle

C. H. Cortés

C. Núñez
de Balboa

C. Pedro del
Valdivia

C. Almería

Calle

Calle

Parque
Verano Azul

Málaga

Málaga

Carr. MA-105 a Frigiliana

URB. FUENTES
DE NERJA

Mediterráneo

Calle

Calle Fleming

C. Fleming

Avda. Castilla Pérez

Plaza
Carranza

Calle
A. Millón

Jaén

C. S. Isidro

Chaparil

Pje. la Marina

Pza
Marina

Rambla

Ant.
Calle

Calle

C. Almería

Pza. las
Terrazas

"Chanquete"

C. Pte. Viejo

Pza. de
las Cofradías

C. Ermita

Mercado

Granada

BARRIO
LA MAQUINILLA

Plaza Mª
Zambrano

C. San
Antonio
Jiménez

C. Joaquín Herrera

Plaza
C.A.

MAR MEDITERRÁNEO

Playa El Salón

Calle
Calle El Barrio

C. Dip. Provincial

Calle M. Marín

C. Ebn
Sadi

Pza. Huerto
de la Monja

Calle
Granada

Calle

Calle
de

Plaza
Ermita

C. Ingenio

C. las Angustias

C. Cervantes

C. Miguel

Estación de
Autobuses

Avda. Cdad. Pesciara

Policía
Mpal.

Cmterio.

N-340

URB.
NUEVA NERJA

GRUPO
CABALÍN

Iglesia de
El Salvador

Centro
Cultural

Pza. de
Cavana

Paseo   Nuevo

Calle

Calle
Bronce

Guardia
Civil

Plaza
América

Calle S. Miguel

Pje. S. Miguel

Plaza
Cantarero

C. C. Chillar

C. San
Antonio

Calle
Calle

C. Goya

C. Isaac

C. Velázquez

Playa del Chorrillo

C. Taillo

C. Salón

Calle de
Ija Europa

C. Pta.
del Mar

Ayuntamiento

Oficina de
Turismo

C. Correos

Calle Pintada

C. Animas

Cruz

Calle Nueva

C. Angustias

C. Molino

C. Alfonso XII

Pintada

Méndez Núñez

C. A. Bueno

C. Guatel

C. Brasil

Pasaje
Cantarero Habana

Calle
Ferrándiz

C. Lima

C. J.
Benavente

Málaga

C. Severo Ochoa

Iglesia
S. Miguel

Calle

Calle del Pilar

C. Virgen

Playa Calahonda

Playa La Caletilla

Balcón de
Europa

C. Pta.
Pza. Balcón

Calle Hernando

Calle

C. Almte. Ferrándiz

C. Cristo

C. Gloria

C. S. José

C. Arroyeros

C. Troncos

C. Colón

Calle

Calle

Almirante

Calle Gcía. Alted

C. Chile

Calle
Flores

C. Rica (Arg.)

C. Pto. Rico

Pte. S. Juan

Calle S. Juan

C. Sta. Teresa

C. S. Pedro

S. Pablo

Calle Parras

Huertos
de

Calle Carretas

Calle Frigiliana S. Nerja

Plaza
Olvido

ANTALÍ

C. Bolívar

C. Panamá

Calle
Nicaragua

C. Herr.

C. Oria

C. San Francisco

Calle Gral. Carlos Asencio

C. Cta.
S. Juan

Calle
Andalucía

C. Barranquilla Col.

C. Pza.

URB.
LOS HUER.
DE NER

URB.
LOS PINOS

C. Echegaray

C. Rguez.
Acosta

C. Severo Ochoa

Calle J. R.
Jiménez

C. Torrox

C. Almir.

Huertos de
Carabeo

Playa del Carabeo

Callejero de Nerja

Índice de callejero

Street index

Acceso ....Acc.	Callejuela ....Cjla	Jardín ....Jdn.	Ramal ....Ram.
Alameda ....Ala.	Calzada ....Clz.	Lugar ....Lug.	Residencial ....Res.
Apartamentos ......Apt.	Camino ....Cº.	Paralelo ....Par.	Rincón ....Rcon
Arral ....Arr.	Cañada ....Cañ.	Parque ....Pqu.	Ronda ....Ron.
Autopistas ....Autp	Carretera ....Cª	Pasaje ....Pje.	Rotonda ....Rot.
Autovia ....Autv	Carril ....Crl.	Pasarela ....Psrl	Sector ....Sec.
Avenida ....Av.	Colonia ....Col.	Paseo ....Pº	Subida ....Sub.
Bajada ....Baj.	Conjunto ....Cjto	Plaza ....Pl.	Travesía ....Trav.
Barriada ....Bª	Costa ....Cost	Plazoleta ....Plz.	Urbanización ....Urb.
Barrio ....Bº.	Escalera ....Esc.	Polígono ....Pol.	Urbat ....Urba
Calle ....C.	Glorieta ....Gta.	Prolongación ....Pro.	Vía ....Vía
Callejón ....Cjón.	Grupo ....Grp.	Puente ....Pte.	Vial ....Vial

Benalmádena

Nombre de calle	Tipo	Coord.	Foto	Mapa
Abedules (de los)	Av.	N5-60	I70	248
Abril	C.	N5-58	I74	248
Acacias (Las)	C.	N6-59	I75	249
Adaja	C.	N5-59	I75	248
Adelfas (Las) (Urb Sol y Mar)	C.	N6-59	I75	249
Aguacate	C.	N4-60	I70	248
Alay	Av.	N7-60	I72	249
Alba	C.	N5-60	I71	248
Alborán	C.	N8-60	I72	249
Alhambra	Pje.	N4-58	I74	248
Almendros (Las)	C.	N6-60	I71	249
Alondra	C.	N4-58	I74	248
Ananás	C.	N4-60	I70	248
Andalucía (Cjto Granada)	Pl.	N5-61	I71	248
Antonio Machado	Av.	N6-60	I71	249
Arroyo (del)	Av.	N5-59	I75	248
Aurora	Av.	N5-60	I71	248
Ávila	C.	N5-59	I74	248
Bellasombra	Pl.	N5-59	I75	248
Benalmádena (de)	C.	N5-61	I75	248
Blasco Ibáñez	Pl.	N4-60	I70	248
Bonanza	C.	N5-60	I70	248
Bonanza (de)	C.	N4-60	I71	248
Calle Malagueña	Pro.	N6-59	I75	249
Camelias	C.	N6-59	I75	249
Capricornio	C.	N5-60	I70	248
Carmen (El)	C.	N5-59	I75	249
Carmenes (Los)	C.	N4-58	I74	248
Cerezos (Los)	C.	N5-59	I75	249
Cerro Gordo	C°.	N7-59	I76	249
Chica	C.	N4-61	I70	248
Constitución (de la)	Av.	N6-60	I71	249
Córdoba (Urb Sol y Mar)	C.	N5-59	I75	249
Comisa (La)	C.	N5-58	I74	248
Cristóbal Colon	C.	N5-59	I75	249
Cruz del Sur	C.	N5-60	I70	248
Debla	C.	N5-58	I75	248
Doña Carlota	C.	N5-61	I70	248
Tettamazy Salamanca	Av.	N5-58	I75	248
Écija	Av.	N6-60	I70	248
Encinas	Av.	N7-59	I76	249
Enero	C.	N5-58	I74	248
Farol (El)	C.	N6-59	I75	249
Febrero	C.	N5-58	I74	248
Federico García Lorca	C.	N4-61	I70	248
Flamingo	C.	N6-60	I71	249
Fragata (La)	C.	N8-60	I72	249
Fuensalud	Av.	N5-58	I75	248
Fuente	Av.	N6-59	I75	248
Gamonal	C.	N6-59	I75	249
Gaviotas (Uno)	Av.	N4-60	I70	248
Goya	C.	N5-61	I71	248
Guadalajara	C.	N8-59	I76	249
Guadalmedina	C.	N5-59	I74	248
(Urb Miramar-Oasis)	C.	N5-59	I75	248
Imperio Argentina	Av.	N6-59	I75	249
Iregua	Av.	N5-59	I74	248
Jacarandas (de las)	C.	N6-59	I74	248
Jardines Benalmádena	Pl.	N5-59	I74	249
Juan Sebastián Elcano	C.	N7-60	I72	249
Junio	C.	N6-58	I75	249
Júpiter	Pl.	N5-60	I70	248
Leala (La)	C.	N5-58	I74	248
Levante	Av.	N5-58	I75	249
Limoneros (Los)	Pl.	N6-58	I75	249
Louro	C.	N5-59	I76	248
Luis Vives	C.	N4-59	I74	248
Madeira	C.	N7-60	I72	249
Madrid	C.	N6-59	I75	249
Maestro Serrano	C.	N4-59	I74	248
Mairena	C.	N5-58	I74	248
Malagueña	C.	N6-59	I75	249
Mar (del)	C.	N7-60	I75	249
Mar y Sol	Av.	N7-60	I72	249
Margaritas (Las)	Av.	N6-59	I75	249
Mariensa	Urb.	N5-59	I74	248
Marítimo	P°	N6-61	I71	249
Mayo	C.	N5-58	I75	248
Medina Azahara	C.	N4-59	I74	248
Mediterráneo (del)	C.	N5-59	I76	249
Miel (La)	Res.	N5-58	I74	248
Mijas (de)	Av.	N6-60	I71	249
Miramar	Pje.	N7-59	I74	248
Moscatel	C.	N6-60	I75	249
Murillo	C.	N5-59	I74	248
Naciones (Las)	C.	N8-59	I76	249
Naranjos (Las) (Urb Sol y Mar)	C.	N5-61	I70	248
Nevada	Pje.	N6-59	I75	249
Norte (del)	C.	N6-60	I71	249
Oasis	C.	N4-58	I74	248
Occidente	Av.	N4-61	I70	248
Ojeda	C.	N5-59	I75	248
Ole	Pje.	N6-61	I71	249
Oropéndola	C.	N4-58	I74	248
Ortigosa Cameros	C.	N6-59	I75	249
Paloma	C°.	N6-60	I70	248
Paloma (de la)	Av.	N8-60	I72	249
Parque	Av.	N4-61	I70	248
Perchel	Pje.	N6-61	I71	249
Periodista Juan de Dios Mellado	C.	N5-59	I75	248
Piscis	Pl.	N8-60	I72	249
Promenade	C.	N6-59	I75	249
Pueblo Don Paco	Urb.	N5-61	I70	248
Puerto	Av.	N6-60	I72	249
Real de la Carihuela	C°.	N5-60	I75	249
Riviera	C.	N6-60	I71	249
Roca (de la)	Pje.	N6-61	I71	249
Rocío Jurado	Av.	N7-59	I76	249
Sagitario	Av.	N4-61	I70	248
Saltillo (del)	C°.	N7-59	I76	249
Salvador Rueda	C.	N5-60	I70	248
San Carlos	C.	N4-60	I70	248
San Fermín	Av.	N5-60	I70	248
San Francisco	C.	N5-59	I71	248
Segura	C.	N5-60	I70	248
Siroco (del)	Crl.	N5-61	I74	248
Tamarindos	C.	N6-60	I71	249
Tauro	C.	N6-60	I70	248
Telefónica (de la)	C.	N5-60	I71	248
Teramar	Av.	N4-60	I75	248
Teramar Alto	C.	N5-59	I71	248
Teramar Bajo	C.	N6-59	I75	248
Tuy	C.	N6-59	I75	249
Velázquez	C.	N7-59	I76	249
Virgo	C.	N4-60	I70	248
Vitón	Pje.	N6-60	I71	249
Zodiaco	C.	N4-60	I70	248

Fuengirola

Nombre de calle	Tipo	Coord.	Foto	Mapa
Acapulco	Av.	L1-72	I64	247
África	C.	K8-77	I56	245
Agua	C.	K7-76	I55	244
Ahillones	C.	K7-74	I59	244
Alameda	C.	K8-74	I60	245
Alcalá Galiano	C.	L1-70	I69	247
Alcalde Clemente	C.	K7-74	I59	244
Díaz Ruiz	Av.	K8-73	I63	246
Alemania	C.	K9-75	I60	245
Alfonso Galán	Pl.	K9-72	I64	247
Alfonso XII	C.	L2-70	I69	247
Alfonso XIII	C.	K8-75	I60	245
Algarrobo	C°.	K9-74	I68	247
Almachar	C.	K7-74	I59	244
Almería	C.	K8-76	I56	245
Almogía	C.	L1-70	I69	247
Alora	C.	L2-70	I69	247
Alozaina (Dos)	C.	L2-70	I69	247
Alozaina (Uno)	Pl.	K9-72	I64	247
Álvarez Quintero	C.	L2-71	I69	247
Anabel Conde	Pl.	K7-74	I59	244
Andalucía	C.	L2-71	I69	247
Andújar	C.	K7-74	I59	244
Antequera	C.	K8-76	I56	245
Antonio Bienvenida	C.	K9-72	I64	247
Antonio Chenel Antoñete	C.	K9-72	I64	247
Antonio José Galán	Pl.	K9-72	I64	247
Antonio Machado	C.	K9-74	I61	247
Antonio Rubio Torres	C.	K9-74	I61	247
Aragón	C.	K7-74	I59	244
Arapiles	C.	K7-75	I59	244
Archidona	C.	L1-74	I61	245
Asturias	C.	L1-73	I65	247
Avenida Condes de San Isidro	Pro.	K8-77	I56	245
Ayuntamiento (del)	Pl.	K8-75	I60	245
Bailén	Av.	K8-75	I60	245
Benahavís	C.	K8-76	I56	245
Benalmádena	C.	L2-71	I69	247
Benamocarra	C.	K8-74	I56	245
Benaoján	C.	K7-74	I59	244
Bernabé Tierno	C.	L1-73	I65	247
Blanca Paloma	C.	K7-74	I59	244
Blas de Lezo	C.	K8-76	I56	245
Bolino (de)	C.	K9-74	I69	247
Boliches (de los)	Av.	L2-72	I69	247
Boquerón	C.	K8-71	I67	246
Boquetillo	C.	K9-71	I65	247
Braille	C.	K8-74	I56	245
Brasil	Pl.	K8-71	I67	246
Burgos	C.	K7-74	I59	244
Cáceres	C.	K8-77	I56	245
Cádiz	C.	K7-75	I59	244
Calafería	C.	K8-71	I67	246
Calle Marcial Lalanda	Pro.	K9-71	I65	247
Camilo José Cela	C.	K7-74	I56	245
Campillos	C°.	K7-74	I59	244
Cañadas	C°.	K7-74	I59	244
Cañadas	C.	K7-75	I59	244
Cañadas (Cont)	C°.	K8-72	I63	246
Cañuelo	C.	L2-71	I69	247
Capitán	C.	K9-75	I61	247
Carmen	Pl.	L2-71	I69	247
Cartama	C.	K8-73	I63	246
Casares	C.	K8-75	I60	245
Castañuela	C.	K8-75	I60	245
Castilla	Pl.	L2-71	I69	247
Castilla	C.	K7-72	I63	246
Castillo (Dos)	C.	K7-72	I65	246
Castillo (Uno)	C.	K7-75	I59	244
Cataluña	C.	K8-75	I59	244
Cementerio (del)	C°.	K8-75	I60	245
Cepas	Pl.	L2-74	I69	247
Ceuta	C.	K7-76	I55	244
Chanquete	C.	L2-72	I65	247
Chile	C.	K8-75	I60	245
Chinoros	C.	K9-75	I60	245
Cid (El)	C.	K8-74	I60	245
Clementinas	C.	K8-74	I60	245
Coín (de)	C°.	K8-75	I63	246
Colegio (del)	C.	K7-73	I63	246
Colombia	C.	K7-74	I59	244

Nombre de calle	Tipo	Coord.	Foto	Mapa
Colon	C.	L1-73	165	247
Colonia de San Juan	C.	K8-74	160	245
Comares	C.	K8-74	160	245
Condes de San Isidro	Av.	K8-75	160	245
Condesa	Cº.	K7-76	155	244
Consejo	Pl.	K9-72	164	247
Constitución	Pl.	K9-75	160	245
Córdoba	C.	K8-75	160	245
Cordobeses	Pje.	L1-74	161	245
Coronel Ripollet	C.	K9-75	160	245
Cristian Andersen	Pl.	L1-72	164	247
Cruz	C.	K9-75	161	245
Cuartel Simancas	C.	L1-73	164	247
Cuartones	C.	K7-74	159	244
Cuesta	C.	K9-76	156	245
Curro Claros	C.	L1-72	164	247
Dionisia Redondo	C.	L1-73	164	247
Doctor Fleming	C.	K8-75	160	245
Doctor Gálvez Guinachero	C.	L1-74	161	245
Doctor García Verdugo	C.	K7-77	155	244
Doctor Marañón	C.	K8-76	156	245
Doctor Ochoa	C.	K8-75	160	245
Domingo Ortega	C.	L1-71	168	247
Don Jacinto	C.	K9-75	161	245
Elías Ramos	C.	L2-72	165	247
Emancipación	C.	K9-75	160	245
Emilio Thuiller	C.	L1-72	165	247
España	C.	K9-75	160	245
Espinar (El)	C.	K8-75	160	245
Espronceda	C.	K9-74	160	245
Estación	Pje.	L2-71	169	247
Estación (de la)	C.	K8-75	160	245
Estepona	C.	K8-75	160	245
Estrecha	C.	K8-74	160	245
Eurobell	C.	K8-75	160	245
Europa	C.	K8-77	156	245
Extremadura	C.	K7-75	159	244
Farola (de la)	Pl.	K8-73	163	246
Federico Ruiz Vertedor	C.	K9-74	160	245
Feria Abril	C.	K9-73	164	247
Feria Jerez	C.	K9-73	164	247
Feria San Fermín	C.	K8-72	163	246
Feria San Isidro Labrador	C.	K9-73	164	247
Fiesta de la Crema	C.	K8-74	164	247
Figueroa	C.	L1-74	161	245
Finlandia	Av.	L2-70	169	247
Flor de Mayo	Cº.	K9-70	168	247
Flores (de las)	C.	K8-75	160	245
Francisco Cano	C.	L2-72	165	247
Francisco de Quevedo	C.	K9-74	160	245
Francisco Merino	C.	K7-75	159	244
Francisco Peñuela	C.	K8-74	160	245
Francisco Rivera Paquirri	Av.	L1-71	168	247
Francisco Ruiz Miguel	C.	K9-71	168	247
Frascuelo	C.	L1-72	164	247
Fray Luis de León	C.	K8-73	163	246
Frigiliana	C.	K8-74	160	245
Fruta (de la)	C.	L2-71	169	247
Fuengirola	Pje.	K9-75	160	245
Fuensanta	C.	K9-73	164	247
Galicia	C.	K7-75	159	244
Gandia	Pje.	K8-74	160	245
Gaucín	C.	K8-72	163	246
General Rodrigo	C.	L1-73	165	247
Geraneos	C.	K8-74	160	245
Gibraltar	C.	L2-71	169	247
Gitanillas	C.	K8-74	160	245
Gomera	C.	K8-73	163	246
Goya	C.	K8-75	160	245
Gran Canaria	Cº.	L2-70	169	247
Granada	C.	K8-76	156	245
Granados (Los)	C.	L1-70	169	247
Hermanos Galán Casero	C.	L1-72	164	247
Hermanos López Ruiz	C.	K8-74	160	245

Street name	Type	Coord.	Photo	Map
Hermanos Pinzón	C.	K9-75	160	245
Hernán Cortés	C.	L1-74	161	245
Héroes de Baler	C.	K8-77	156	245
Héroes Dos de Mayo	C.	K8-76	156	246
Hierro	C.	K8-73	163	246
Hispanidad (de la)	Pl.	K9-73	164	247
Hospitalillo	C.	K8-76	156	245
Huelva	C.	K8-75	160	245
Huerto	C.	K9-75	161	245
Huesca	C.	K8-77	156	245
Iglesia	C.	L2-72	165	247
Inca	C.	K8-73	163	246
Independencia	C.	K9-76	156	245
Isaac Peral	C.	L1-72	165	247
Isla Cabrera	C.	K7-73	163	246
Isla de Ibiza	C.	K7-73	163	246
Isla Formentera	C.	K7-73	163	246
Islas	Pje.	K7-73	163	246
Islas Baleares	Pl.	K8-73	163	246
Istan	C.	K8-75	160	245
Iznate	C.	K8-74	160	245
Jabega	C.	K7-77	155	244
Jacinto Benavente	C.	K9-75	161	245
Jaén	C.	K7-73	165	247
Jesús Márquez	C.	K8-72	163	246
Jesús Santos Rein	Av.	K9-74	160	245
Jimena	C.	L1-72	165	247
Jiménez	Pje.	K9-71	168	247
Joaquín Rodrigo	C.	L1-71	168	247
Jorge Guillén	C.	L1-72	165	247
José Antonio Valenzuela	Pje.	K9-72	164	247
José Cubero Yiyo	C.	L1-72	164	247
José de Echegaray	C.	K8-74	160	245
José Gómez Gallito	C.	K9-72	164	247
José López Ruiz	C.	K9-75	160	245
José Luis Valiente	C.	K9-72	164	247
José Márquez	Pje.	K9-73	164	247
José Moreno Carbonero	C.	K7-74	159	244
Juan Belmonte	C.	K9-72	164	247
Juan Breva	C.	L1-72	165	247
Juan Gómez Juanito	Av.	K8-75	160	245
Juan Miro	C.	L2-70	169	247
Juan Ramón Jiménez	C.	K9-74	161	245
Juan Sebastián Elcano	C.	K9-73	164	247
Jubrique	C.	K8-72	163	246
Lamo Espinosa	C.	L1-74	161	245
Lanzarote	C.	K7-72	163	246
Larga	C.	K9-76	156	245
León	C.	K8-75	160	245
Limonar	C.	K7-76	155	244
Limones	C.	K8-74	160	245
Lope de Vega	C.	L2-72	165	247
Lorenzo Ramírez	C.	K8-75	160	245
Lucena	Pje.	K8-76	156	245
Luna (de la)	Rot.	K8-74	160	245
Madrid	C.	K8-77	156	245
Maestra Ángeles Aspiazu	C.	K9-74	161	245
Maestra Concepción Guidet	C.	K9-73	164	247
Maestra María Vinuesa	C.	L1-72	165	247
Maestro Albeniz	C.	K8-73	163	246
Maestro Granados	C.	K8-73	163	246
Maestro Pedro Calvo	C.	L2-72	165	247
Maestro Tárrega	C.	K8-74	160	245
Mahon	C.	K7-73	163	246
Málaga	C.	K8-76	156	245
Mallorca	C.	K7-74	164	247
Mandarinas	C.	K8-74	160	245

Nombre de calle	Tipo	Coord.	Foto	Mapa
Manilva	C.	L2-70	169	247
Manolete	C.	K9-72	164	247
Manolo Ruiz	Pje.	K9-72	164	247
Manuel de Falla	C.	K8-73	163	246
Manuel Fernández	C.	L2-72	165	247
Manuel García Algabeño	C.	K9-72	164	247
Manzanos	C.	L1-70	169	247
Mar	C.	K8-76	156	245
Marbella	C.	K8-76	156	245
Marcial Lalanda	C.	K9-71	168	247
Marconi	C.	K9-76	156	245
Margarita	C.	K8-77	156	245
Margarita Blanca	C.	K8-74	160	245
María Barranco	C.	K8-74	160	245
María Josefa Larrucea	C.	K8-76	156	245
Marina Nacional	C.	K9-77	156	245
Marítimo Rey de España	Pº	K9-75	161	245
Martínez Catena	C.	L2-72	165	247
Matadero	C.	K9-74	161	245
Matagorda	C.	K8-76	156	245
Mateo Sánchez	Pje.	K8-72	163	246
Matías Lara Larita	C.	K9-72	164	247
Matías Sáenz de Tejada	C.	K9-72	164	247
Medina	Av.	K9-75	160	245
Melilla	C.	K9-76	156	245
Membrillos (Los)	C.	K7-76	155	244
Méndez Núñez	C.	L1-70	169	247
Menorca	C.	K8-77	156	245
Mero	C.	K8-74	160	245
Miguel Ángel	C.	K8-73	163	246
Miguel Bueno	C.	L2-71	169	247
Miguel de Cervantes	C.	K8-77	156	245
Miguel de Unamuno	C.	K8-74	160	245
Miguel Hernández	C.	K8-73	163	246
Miguel Márquez	C.	K8-77	161	245
Miguel Montenegro	Pje.	K9-73	156	245
Mijas	Cª.	K9-72	160	245
Mijas (de)	Av.	K8-71	167	246
Miramar	Av.	K8-74	160	245
Mirasierra	C.	K7-77	155	244
Molino Viento	C.	K8-75	160	245
Molinos	C.	K8-76	156	245
Mollina	C.	K8-75	160	245
Monaguillo	C.	L2-70	169	247
Moncayo	C.	K9-72	164	247
Monda	C.	K9-75	160	245
Motril	C.	K7-74	159	244
Murillo	C.	K8-76	156	245
N-340 Cádiz-Barcelona	Cª	K7-75	159	244
Naranjas	C.	K7-77	155	244
Navarra	C.	K8-74	160	245
Nerja	C.	K8-73	163	246
Niños (de los)	C.	L1-70	169	247
Nísperos (Los)	C.	K7-75	159	244
Noria (La)	Pl.	K9-72	159	244
Nueva	C.	K8-76	156	245
Núñez de Balboa	C.	K8-75	160	245
Ojén	C.	K8-75	160	245
Oliva	C.	L1-73	165	247
Olivo (del)	C.	K8-74	160	245
Ollerías	C.	K9-75	161	245
Oviedo	C.	K9-75	161	245
Pablo Romero	C.	L1-71	168	247
Pablo Ruiz Picasso	Pl.	K9-76	156	245
Paco Madrid	C.	K9-72	164	247
Palangre	C.	K7-77	155	244
Palangreros	C.	K9-76	156	245

Marbella / Fuengirola (continuación)

Nombre de calle	Tipo	Coord.	Foto	Mapa
Palencia	C.	K7-75	159	244
Pandereta	C.	K9-75	160	245
Parque de España	C.	K8-76	156	245
Parras	C.	K8-74	160	245
Pauli	C.	K9-74	161	245
Paz (de la)	C.	K8-74	160	245
Pedro Romero	C.	K9-72	164	247
Pedroza	C.	K8-72	165	247
Perales	C.	L2-72	165	247
Pérez de Ayala	C.	L1-70	169	247
Pérez Galdós	C.	K7-74	159	244
Periana	C.	K7-74	159	244
Perlas (Las)	Pje.	K8-73	163	246
Perú	C.	K9-76	157	245
Pescado	C.	K8-75	160	245
Pintor Nogales	C.	L2-71	169	247
Pintor Sorolla	C.	K9-75	160	245
Pintor Zurbarán	C.	K7-74	159	244
Pizarra	C.	K7-75	159	244
Pizarro	Pl.	K7-75	163	246
Placido Fernández Viagas	Pl.	L1-73	164	247
Poeta Salvador Rueda	C.	K8-74	160	245
Posada	C.	L2-72	165	247
Postal	C.	K8-72	160	245
Pueblo Santa Fe	C.	K9-74	161	245
Puerto (El)	C.	L1-71	169	247
Pulpo	C.	L1-74	161	245
Punta Umbría	Pl.	K8-75	160	245
Quemada	C.	K9-76	156	245
Ramón y Cajal	Av.	K9-74	161	245
Rampas (Las)	C.	L1-73	164	247
Rancho	C.	K8-72	163	246
Real	Pje.	K9-75	161	245
Recinto Ferial	C.	K8-71	167	246
Republica Argentina	C.	K9-72	164	247
Reverendo (del)	C.	K8-77	156	245
Reyes Católicos	Pje.	K9-74	160	245
Ricardo León	C.	L1-73	159	244
Riogordo	C.	K8-74	160	245
Rioja	C.	K9-74	165	247
Rita Luna	C.	L2-72	165	247
Rodahuevos	C.	K9-75	160	245
Rodrigo de Triana	C.	K9-73	164	247
Romería del Rocío	C.	K9-73	164	247
Ronda	C.	L2-72	165	247
Rosario Pino	C.	K8-74	160	245
Rosas	C.	K8-74	160	245
Ruedo	C.	K9-71	168	247
Rueda	C.	L2-71	168	247
Salinas	Av.	L2-71	169	245
Salinas (de las)	C.	L1-70	168	247
Salvador Cortés	Av.	K9-74	161	245
Salvador González Anaya	Pl.	K7-74	159	244
Salvador Postigo	C.	K7-75	159	244
San Antonio	C.	K8-75	160	245
San Cayetano	C.	K9-75	160	245
San Cristóbal	C.	K8-73	163	246
San Francisco	C.	K9-75	161	245
San Juan	C.	K9-75	160	245
San Juan de la Cruz	Pl.	L2-71	160	245
San Lucas	C.	L1-72	169	245
San Pablo	C.	L1-72	165	247
San Pancracio	C.	K9-75	160	245
San Pedro	C.	L1-72	165	247
San Rafael	C.	K8-75	160	245
San Salvador	C.	K7-75	159	244
San Vicente	C.	L1-71	160	245
Santa Amalia	Av.	L1-71	156	245
Santa Ana	C.	L1-71	169	247
Santa Catalina	C.	L1-71	169	247
Santa Cruz	C.	L1-71	169	247

Street name	Type	Coord.	Photo	Map
Santa Fe	C.	L1-71	169	247
Santa Gema	C.	L1-71	169	247
Santa Inés	C.	L1-71	169	247
Santa Isabel	C.	L1-71	169	247
Santa Julia	C.	L1-71	169	247
Santa Leonor	C.	L1-72	169	247
Santa Lucía	C.	L1-72	165	247
Santa Mónica	C.	L1-71	169	247
Santa Rita	C.	L1-71	169	247
Santa Rosa	C.	L1-72	165	247
Santiago	Cº	K7-75	159	244
Santísima Trinidad	C.	L1-70	169	247
Sardina	C.	L2-72	165	247
Sayalonga	C.	L2-72	165	247
Sevilla	C.	K8-75	160	245
Skandia	C.	L2-70	169	247
Sohail	C.	K9-75	160	245
Sol (Uno)	C.	K8-76	156	245
Soldado Rafael Guerra	C.	K8-76	156	245
Soldado Salvador Tirado	C.	K9-75	160	245
Suomi	Pl.	K7-75	159	244
Taxis	C.	L2-71	169	247
Tejar (del)	C.	K8-72	163	246
Tenerife	C.	K8-74	160	245
Teresa Zabel	Pl.	L2-70	161	245
Teresa Zabell	C.	L1-73	164	247
Toledo	C.	L2-70	169	247
Tolox	C.	L2-71	169	247
Tomate	C.	K8-74	160	245
Torre del Mar	C.	K7-74	160	245
Torrealta	C.	K8-74	160	245
Torrox	C.	L2-71	165	247
Tostón	C.	L2-71	169	247
Totalan	C.	K9-74	163	246
Triana	C.	K8-74	160	245
Troncón	C.	K8-76	156	245
Turista (del)	Pl.	L2-73	165	247
Unión (La)	C.	K7-74	169	247
Uruguay	C.	K7-74	160	245
Valencia	Pl.	K8-74	160	245
Valladolid	C.	K8-74	160	245
Valle Inclán	C.	K7-74	159	244
Variante N-340 Cádiz-Barcelona	Cª	K8-73	163	246
Varietes	Pje.	K9-75	168	247
Vecinos	C.	L2-70	160	245
Velázquez	C.	K8-75	160	245
Veles Málaga	C.	L1-70	169	247
Víctor Serna	C.	L1-72	165	247
Victoria	C.	K8-73	163	246
Villanueva Trabuco	Pl.	K9-76	156	245
Vinuela	Pl.	L2-71	169	247
Virgen del Rocío	C.	K7-72	163	246
Vivero	C.	L1-71	169	247
Vizcaya	C.	K8-73	163	246
Wenceslao Fernández Flores	C.	K7-76	155	244
Yate (El)	Pl.	K9-76	156	245
Zinnia	Pl.	K8-74	160	245
Zinnia	C.	K8-74	160	245
Zorrilla	C.	K9-73	164	247

Málaga

Nombre de calle	Tipo	Coord.	Foto	Mapa
Abdias	C.	Q4-25	230	263
Abandanell	C.	R5-25	106	266
Abadia Santa Ana	C.	Q3-27	221	262
Abadia	Pl.	P7-31	202	257

Nombre de calle	Tipo	Coord.	Foto	Mapa
Abejaruco	C.	P4-28	208	256
Abogado Federico Orellana Toledano	C.	P7-32	198	255
Abogado Victoriano Frías	C.	R6-27	106	266
Abubilla	C.	P4-28	208	256
Abul-Beka	C.	P6-34	193	254
Acacias	Pº	R5-27	106	266
Acebuche	C.	R8-27	107	267
Acequia	C.	P7-32	198	255
Actriz Rosario Pino	C.	Q2-24	228	262
Adaja	C.	P7-29	210	257
Adela Quiguisola	C.	Q1-26	220	262
Adelas	Pl.	P6-30	201	256
Adra	Pje.	P6-29	209	256
Aduana	C.	P7-29	210	257
Afligidos	C.	P4-26	222	263
Agua	C.	Q3-27	221	262
Aguilar y Cano	C.	Q4-26	228	263
Agujero	C.	R8-27	107	267
Agustín Durán	C.	Q2-27	220	262
Agustín Martín Carrión	C.	Q2-27	221	262
Agustín Montes Fuentes	C.	Q3-26	213	258
Agustín Moreno	C.	P7-30	202	257
Agustín Parejo	C.	Q1-27	220	262
Alagón	C.	P7-30	202	257
Álamos	C.	Q3-26	221	262
Alarcón	C.	Q2-25	228	262
Alarcón Lujan	C.	Q2-28	213	258
Albert Camus	C.	P8-31	202	257
Alberche	C.	P8-32	199	255
Albacete	C.	P4-33	196	254
Albahaca	C.	P6-25	225	260
Alazores	C.	P4-33	196	254
Alay	C.	P5-34	192	254
Álava	C.	R7-26	107	267
Albertillas	C.	P5-33	197	254
Alberto Insua	C.	P7-32	198	255
Alberto Lista	C.	R3-27	105	265
Alcaide de los Donceles	C.	Q3-24	229	262
Alcalareño	C.	P4-32	196	254
Alcalde Antonio Verdejo	C.	P4-30	200	256
Alcalde Corro de Bresca	C.	P4-30	200	256
Alcalde Díaz Zafra	C.	P5-30	200	256
Alcalde Enrique	C.	P5-30	200	256
Alcalde García Segovia	C.	P5-30	200	256
Gómez Rodríguez	Pl.	P5-30	200	256
Alcalde Joaquín Alonso	C.	P4-33	196	254
Alcalde José Luis Estrada	C.	P6-24	225	260
Alcalde José María Corona	C.	P4-33	196	254
Alcalde José María de Llano	C.	P5-33	196	254
Alcalde Moreno Mico	C.	P4-30	200	256
Alcalde Pedro Luis Alonso	C.	Q4-27	222	263
Alcalde Prieto Mera	C.	Q4-25	230	263
Alcalde Romero Raggio	C.	P5-32	196	254
Alcalde Ronquillo	C.	P5-31	201	256
Alcalde Tomas Domínguez	C.	P8-28	211	257
Alcántara	C.	Q2-26	221	262
Alcaparrón	C.	R2-24	105	264
Alcaucín	C.	R9-27	107	267
Alcazabilla	C.	Q3-27	221	262
Alderete	C.	Q2-25	228	262
Alegrías	C.	P6-29	209	256
Alemania	C.	Q1-29	212	258
Alfambra	C.	P7-30	202	257
Alfarnate	C.	P4-30	200	256
Alférez Alfonso Marín	C.	P8-27	218	261
Alférez Ángel Rosado	C.	P8-27	218	261
Alférez Beltrán Monchón	C.	P8-28	210	257
Alférez Delgado Alés	C.	P8-27	218	261

Nombre de calle	Tipo	Coord.	Foto	Mapa
Benjamín Palencia	C.	Q2-25	228	262
Berlanga	C.	Q4-25	230	263
Bernardo López García	C.	R6-27	106	266
Berrocal	Pº	P8-25	226	261
Berruguete	C.	P4-33	196	254
Betsaida	C.	P7-29	210	257
Beznillana	C.	P5-26	216	260
Biedmas	C.	Q2-26	224	262
Bienvenida	C.	P6-32	197	254
Bilbao	C.	P8-32	198	255
Bisbita	C.	P4-28	208	256
Biznaga	C.	P6-29	209	256
Blanco Coris	C.	P9-27	219	261
Blas de Lezo	Av.	P8-25	227	261
Blas Infante	Av.	P4-29	208	256
Blas Otero	C.	P6-26	217	260
Blas Palomo	C.	R8-27	107	267
Blasco de Garay	C.	Q2-28	213	258
Blasco Ibáñez	Pje.	Q7-27	107	267
Bobastro	C.	Q7-27	104	264
Bocanegra	C.	P6-32	197	254
Bodegueros	C.	P5-31	201	256
Bolivia	C.	R3-27	105	265
Bolsa	C.	R5-27	106	266
Bonaire	Av.	P4-34	192	254
Boquerón	C.	R4-27	106	266
Borgoña	C.	P8-30	202	257
Botánico Prolongo	C.	R6-26	106	266
Brahms	C.	P4-34	192	254
Brasil	C.	R5-26	106	266
Bravo	Pl.	P9-26	219	261
Bresca	C.	P8-25	227	261
Briales	Pje.	P9-26	219	261
Brida	C.	P6-26	104	264
Brinda de Acuña	C.	P4-26	216	260
Brújula	C.	P6-25	225	260
Bruno Walter	C.	R1-26	105	265
Bursoto	C.	P8-24	107	267
Bustamante	C.	Q1-27	220	262
Caballerizas	Av.	Q8-24	104	264
Caballero de la Cruz	C.	R8-26	107	267
Caballero de la Cruz	C.	Q8-24	104	264
Caballero de las Doncellas	C.	R9-24	107	267
Caballero de los Espejos	C.	R9-27	107	267
Caballero del Bosque	C.	R9-27	107	267
Caballero Fonseca	C.	R8-26	107	267
Caballero Platir	C.	R8-26	107	267
Caballo de Gonela	C.	P8-24	107	267
Cabas Galván	C.	P7-25	226	261
Cabello	C.	Q2-26	221	262
Cabello	C.	P6-25	225	260
Cabiro	C.	R3-24	105	265
Cáceres	C.	R4-24	106	266
Cadete	C.	Q2-26	220	262
Cafarnaúm	C.	R4-26	106	266
Caireles	C.	Q8-24	104	264
Calahonda	C.	P6-26	217	260
Calañas	C.	P4-34	192	254
Calatrava	C.	P8-29	210	257
Calderería	C.	Q3-27	221	262
Calderón de la Barca	C.	Q2-27	220	262
Calderón y Cubero	Pje.	P8-29	210	257
Caleseras	C.	P6-29	209	256
Calipso	C.	R6-27	106	266
Callao	Cjón.	Q4-26	222	263
Calvario	C.	R8-26	107	267
Calvo	C.	Q4-25	212	258
Calvo	C.	Q1-28	220	262
Calvo Sotelo	Pº	Q6-26	223	263
Calzada de la Trinidad	C.	P9-26	219	261
Camas	C.	Q2-27	220	262
Camelias	C.	R6-25	106	266
Camero	Pje.	P4-24	224	260
Cameros	C.	P7-29	210	257

Street name	Type	Coord.	Photo	Map
Campo de Montiel	C.	R8-26	107	267
Campos	Pje.	Q3-26	221	262
Campos Elíseos	C.	Q4-27	222	263
Campoy	C.	R8-27	107	267
Canaán	C.	Q6-27	223	263
Canales	C.	Q1-30	204	258
Canasteros	C.	Q2-26	221	262
Canchal	C.	Q1-30	204	258
Cancho Pérez	C.	Q4-32	196	254
Candilitos	C.	R1-24	105	265
Cano Martín	Pje.	R5-25	106	266
Canónigo Fernández Ávila	C.	P5-32	197	254
Cánovas del Castillo	Av.	Q5-28	214	259
Cantimpla	C.	Q5-27	222	263
Caña	C.	P4-33	196	254
Cañada del Tesoro	C.	P7-34	194	255
Cañada de los Ingleses	C.	Q6-26	223	263
Cañada de Mejías	C.	P5-32	201	256
Cañamaque Jiménez	C.	R5-25	106	266
Cañaveral	C.	Q1-27	220	262
Cañete la Real	C.	P4-29	208	256
Cañizares	C.	P8-32	198	255
Cañón	C.	Q3-27	221	262
Cañuelo de San Bernardo	C.	Q3-27	221	262
Caobos (Los)	C.	Q6-26	223	263
Capellán Ortigosa Santos	C.	P8-27	218	261
Capilino Jáuregui	C.	P8-31	203	257
Capitán	C.	Q2-27	221	262
Capitán Enrique Vera	C.	P7-27	218	261
Capitán Huelin	Pl.	Q3-27	218	261
Capitán Marcos García	C.	P8-27	218	261
Capitán Muñoz Lozano	C.	P8-28	210	257
Capuchinos	C.	Q3-26	229	262
Caramba	C.	R7-27	107	267
Carbón	Pl.	P7-31	218	261
Carboneros	C.	P9-26	219	261
Carceleras	C.	P6-30	201	256
Cárcer	C.	R8-27	107	267
Cardenal Mendoza	Pl.	P9-26	219	261
Cardens	Av.	P5-24	224	260
Carlinda	C.	R7-27	107	267
Carlomagno	C.	R7-27	107	267
Carlos Amel	C.	P7-30	202	257
Carlos Amiches	C.	P5-24	225	260
Carlos Barral	C.	P5-27	216	260
Carlos Falguera	C.	P8-26	218	261
Carlos Fontaura	C.	R8-27	107	267
Carlos Haes	Pje.	P9-26	219	261
Carlos Haya	Av.	P5-26	216	260
Carlos Rein	C.	P8-33	198	255
Carlos Triviño Moreno	C.	P6-32	197	254
Carlos Valverde	Pje.	R5-27	106	266
Carlota	C.	R8-27	107	267
Carmelitas	C.	Q2-26	220	262
Carmen	Pte.	Q1-29	212	258
Carnicerito	C.	P4-33	196	254
Caro Sánchez	C.	R5-25	106	266
Carpas	C.	P7-25	226	261
Carpinteros	C.	P6-30	201	256
Carpio	C.	P7-32	198	255
Carraca	C.	R8-26	107	267
Carrasco	C.	Q4-26	222	263
Carrascón	Pl.	R7-27	107	267
Carratraca	C.	P4-30	200	256
Carretería	C.	Q2-26	220	262
Carril	C.	P9-27	219	261
Carrión	C.	Q2-27	220	262
Cartajima	Pje.	Q2-27	220	262
Cartaya	C.	P4-34	192	254

Nombre de calle	Tipo	Coord.	Foto	Mapa
Cartero	Pje.	P5-25	224	260
Cartucherita	C.	P4-27	216	260
Casado	C.	Q2-25	228	262
Casajara	C.	Q1-25	228	262
Casapalma	C.	Q3-26	221	262
Casarabonela	C.	Q3-27	221	262
Casas de Campos	C.	P5-30	200	256
Caserío	C.	Q2-28	212	258
Castañer Gallardo	Pje.	R7-26	107	267
Castañer y Vílchez	C.	R7-27	107	267
Castaños	C.	Q2-25	228	262
Castell	Crtl.	Q7-26	104	264
Castell del Valle	C.	R5-25	106	266
Castilla	Cº	P6-26	217	260
Castillejos	C.	Q6-26	223	263
Castillo de Santángel	C.	R9-27	107	267
Castillo de Sohail	C.	Q2-27	220	262
Cataluña	C.	P8-26	219	261
Catapilco	C.	P4-35	192	254
Cavite	C.	P6-33	197	254
Cayetano de Cabra	C.	P5-33	196	254
Cedrón	C.	P6-32	197	254
Cedros de Monte Sancha	C.	Q7-26	104	264
Celesta (La)	C.	R3-26	105	265
Ceibas	C.	Q7-26	104	264
Cenacheros	C.	R4-27	106	266
Centeno	C.	R4-27	106	266
Cepero	C.	R2-26	105	265
Cerajeros	Pº	P9-28	211	257
Cerámista	C.	P6-30	201	256
Cerrado de Calderón	C.	P5-31	201	256
Cerrajeros	C.	P9-28	211	257
Cerrojo	C.	P6-30	201	256
Cerámistas	C.	Q1-28	212	258
Cerezuela	C.	Q1-28	212	258
Cerquijos	C.	Q1-28	212	258
Cervantes	C.	Q5-28	214	259
Juan Ruiz de Luna	C.	Q1-27	220	262
Ceuta	C.	P4-29	208	256
Cesar Arbasia	C.	P4-28	208	256
Cesar Álvarez Dumont	Pl.	P4-35	192	254
Cesar Riario	C.	R4-27	106	266
Chamariz	C.	P5-26	216	260
Chaparro	C.	P4-27	216	260
Charlie Rivel	C.	Q3-27	221	262
Charlot	C.	Q7-26	104	264
Cháves	Av.	Q4-25	230	263
Ches (El)	C.	Q3-26	221	262
Chiclanero	C.	Q3-26	221	262
Chico del Matadero	C.	P6-25	225	260
Chicuelo II	C.	P4-34	192	254
Chile	C.	R8-26	107	267
Chinchilla	C.	R8-26	107	267
Chinitas	Pje.	Q2-27	221	262
Chiquito de la Audiencia	C.	Q2-26	221	262
Chopera	C.	P4-34	192	254
Chopin	C.	R1-24	105	265
Chuita	C.	P5-34	192	254
Chumberas	C.	R2-25	105	265
Chupa	Crtl.	P7-34	194	255
Churruca	C.	P9-26	219	261
Cid Campeador	C.	R8-26	107	267
Cigarrales	Pl.	Q1-25	228	262
Cilla	C.	Q3-27	221	262
Cinco Bolas	C.	Q2-27	220	262
Cinco Minutos	C.	Q2-27	220	262
Cintería	Cjón.	R4-27	106	266
Cipiones	C.	R4-27	106	266

Nombre de calle	Tipo	Coord.	Foto	Mapa
Ciprés	C.	P5-26	217	260
Ciprés (Del)	Trav.	P5-26	217	260
Ciprés de la Sultana	C.	P5-26	217	260
Cipreses	C.	P5-26	217	260
Circo	C.	Q4-25	230	263
Cisne	C.	P4-30	200	256
Cisneros	C.	Q2-27	220	262
Cister	C.	Q3-27	221	262
Ciudad de Andujar	C.	P5-30	201	256
Ciudad Parque Florida	Urb.	P4-26	216	260
Clara de Viedma	C.	R5-27	106	266
Clavel	C.	R8-27	107	267
Clavijo	Pje.	P4-24	224	260
Clavileño	C.	R6-27	106	266
Clemens	Pje.	Q4-26	222	263
Cobertizo de Malaver	C.	Q2-26	220	262
Cobertizo del Conde	C.	Q3-26	221	262
Cocherito	C.	P4-33	196	254
Coello	C.	P8-30	203	257
Coguijada	C.	P4-28	208	256
Coín	C.	P4-27	216	260
Colegio	Pje.	P5-26	217	260
Colibrí	C.	P4-28	208	256
Colmenar	Pje.	Q4-24	230	263
Colmenillas	Pl.	P5-32	197	254
Colombia	C.	R6-26	106	266
Colon	Ala.	Q2-28	212	258
Comandante	C.	Q2-24	229	262
Comandante Benitez	Av.	Q1-29	212	258
Comandante Román	C.	P7-32	198	255
Comedias	C.	Q2-26	221	262
Cómico Riquelme	C.	P8-30	203	257
Comisario	C.	Q2-28	213	258
Compañia	C.	Q2-27	220	262
Compás de la Trinidad	Plz.	P9-26	219	261
Compás de la Victoria	C.	Q4-25	230	263
Compás de Sevilla	C.	R8-26	107	267
Competa	C.	P4-27	216	260
Compositor Lehmberg Ruiz	C.	P9-28	211	257
Conan Doyle	C.	P8-27	219	261
Concepción	C.	P5-29	208	256
Concha Espina	C.	Q3-27	221	262
Conde	Crl.	P4-34	192	254
Conde de Barajas	C.	P9-30	203	257
Conde de Cheste	C.	Q1-30	204	258
Conde de Cienfuegos	C.	P7-27	218	261
Conde de Ferrería	C.	Q3-26	221	262
Conde de Gálvez	Pl.	Q1-24	228	262
Conde de Guadalhorce	C.	R4-26	106	266
Conde de las Navas	C.	P7-29	210	257
Conde de Lemos	C.	R6-26	106	266
Conde de Tendilla	C.	R5-25	106	266
Conde de Toreno	C.	Q4-24	230	263

Nombre de calle	Tipo	Coord.	Foto	Mapa
Conde de Ureña	C.	Q5-25	230	263
Conde Duque de Olivares	C.	Q1-29	212	258
Conejeras	C.	R2-25	105	265
Conejito de Málaga	C.	P4-33	196	254
Constancia	C.	Q1-29	212	258
Constitución	Pl.	Q2-27	221	262
Convalecientes	C.	Q2-27	221	262
Cooperación y Ahorro	Pl.	P6-26	217	260
Coracha	Sub.	Q4-27	222	263
Coral	C.	R4-27	106	266

Street name	Type	Coord.	Photo	Map
Córdoba	C.	Q2-28	213	258
Cordobesa	Crl.	P7-31	202	257
Corinto	C.	Q4-28	214	259
Coronado	C.	Q2-27	220	262
Coronel	C.	Q2-27	220	262
Coronel Osuna	C.	P5-30	200	256
Corpus Christi	C.	R4-27	106	266
Corregidor Antonio de Bobadilla	C.	P5-29	208	256
Corregidor Carlos Garafa	C.	P5-28	208	256
Corregidor	C.	P5-27	216	260
Corregidor Francisco de Lujan	C.	P5-29	208	256
Corregidor Francisco de Molina	C.	P5-29	208	256
Corregidor Jerónimo Valenzuela	C.	P4-28	208	256
Corregidor José Viciana	C.	P5-28	208	256
Corregidor Nicolás Isidro	C.	P4-28	208	256
Corregidor Paz y Guzmán	C.	P5-29	209	256
Corregidor Pedro de Zapata	C.	P4-29	208	256
Corregidor Ruiz de Pereda	C.	P5-29	209	256
Correo de Andalucía (El)	C.	P5-35	192	254
Correo Viejo	C.	Q3-27	221	262
Corta	C.	P6-24	225	260
Cortada	C.	Q5-25	231	263
Cortés el Viejo	C.	R2-26	105	265
Cortijo	Pje.	P5-32	196	254
Cortijo de Echarte	C.	R5-27	106	266
Cortijuelo	C.	P4-32	196	254
Cortina	C.	P5-32	197	254
Cortina del Muelle	C.	Q4-25	230	263
Costa Rica	C.	Q3-28	213	258
Coto Doñana	C.	Q2-27	220	262
Cotina	C.	P9-26	219	261
Covadonga	Pje.	P8-24	227	261
Covarrubias	C.	P9-27	219	261
Cristina	C.	P9-27	219	261
Cristino Martos	C.	P8-24	226	261
Cristo de la Epidemia	C.	Q4-25	230	263
Cristóbal de la Cueva	Pl.	P9-26	219	261
Cristóbal de Villalón	C.	P4-30	200	256
Cristos (Los)	C.	Q2-26	220	262
Crónica (La)	C.	P5-35	192	254
Cruz de Humilladero	C.	P7-29	210	257
Cruz del Molinillo	Pl.	Q2-25	228	262
Cruz Verde	C.	Q3-26	221	262
Cuartel de Caballería	C.	Q3-25	229	262
Cuartelejos	C.	P9-29	211	257
Cuarteles	C.	Q1-29	212	258
Cuarto	Cº.	P5-25	225	260
Cuba	C.	Q4-24	230	263
Cuchares	C.	P4-33	196	254
Cuervo	C.	Q2-25	229	262
Cueva de la Pileta	C.	R2-25	105	265
Cueva del Labradillo	C.	P5-32	197	254
Cura de los Palacios	C.	Q7-27	104	264
Cura Merino	C.	Q2-24	228	262
Curadero	C.	Q2-25	228	262
Curas (De Los)	Pº	Q3-28	213	258
Curito de la Cruz	C.	Q4-27	222	263
Curro Caro	C.	P4-33	196	254
Curruca	C.	P4-28	208	256
Curtidores	C.	P4-31	200	256
Cutar	C.	P4-30	200	256
Dama de Noche	C.	P6-29	209	256
Damasco	C.	Q9-26	104	264
Dámaso Alonso	Pje.	P4-25	224	260
Danvila y Collado	C.	R8-27	107	267

Nombre de calle	Tipo	Coord.	Foto	Mapa
Daoiz	C.	Q2-24	228	262
David	Pje.	P7-29	210	257
Debla	C.	P6-29	209	256
Débora	Pje.	P8-29	210	257
Decano Félix Navarrete	C.	P9-28	211	257
Defensa	C.	P8-24	226	261
Delfos	Pje.	R6-26	106	266
Denamiel de Castro	C.	Q5-25	230	263
Denario	C.	Q6-27	223	263
Deportistas	C.	Q4-24	230	263
Desviación	Cº	R2-26	105	265
Devolx y García	C.	Q5-28	214	259
Díaz de Palacio	C.	Q5-27	222	263
Díaz Molina	C.	P7-26	227	261
Diego de Agreda	C.	P6-34	193	254
Diego de Almaguer	C.	P7-29	210	257
Diego de Siloe	C.	Q3-25	229	262
Diego de Vergara	C.	P8-26	219	261
Diego Duro	C.	P5-34	192	254
Diego Lara Valle	C.	P7-30	202	257
Diego Vázquez Otero	C.	P8-28	210	257
Divina Pastora	C.	Q2-24	229	262
Doctor Casares Bescansa	C.	P6-30	201	256
Doctor Escassi	C.	P7-26	218	261
Doctor Fernando Martorell Otzet	C.	P6-29	209	256
Doctor Fleming	C.	P9-25	227	261
Doctor Gálvez Ginachero	Av.	P9-25	227	261
Doctor Lazarraga	C.	Q1-25	228	262
Doctor Manuel Pérez Bryan	C.	P7-26	218	261
Doctor Mañas Bernabeu	C.	Q2-27	221	262
Doctor Marañón	Av.	P6-30	201	256
Doctor Millán	C.	Q1-24	228	262
Doctor Pérez Montaut	C.	P7-25	226	261
Doctor Ruiz de la Herrán	C.	P7-26	218	261
Doctor Ruiz Jiménez	C.	P7-27	218	261
Dolores Cerezo	Pje.	P7-27	218	261
Domingo	Cjón.	P8-29	210	257
Domingo de Orueta	C.	Q7-27	104	264
Domingo Lozano	C.	P7-31	202	257
Domingo Savio	C.	P8-26	218	261
Don Belianis	C.	P8-25	227	261
Don Carnal	Pje.	R4-27	106	266
Don Cristian	C.	R3-24	105	265
		R4-24	106	266
Don Diego de Miranda	C.	P9-28	211	257
Don José	C.	Q1-28	212	258
Fernández Castany	C.	P9-27	219	261
Don Juan de Austria	C.	R7-26	107	267
Don Juan de Málaga	C.	P7-31	202	257
Don Juan Díaz	C.	Q1-26	220	262
Don Juan Temboury	Pº	Q3-27	221	262
Don Latino	C.	Q2-28	213	258
Don Ricardo	C.	Q2-27	221	262
Don Rodrigo	C.	Q4-27	222	263
Don Valentín Martínez	Pje.	P8-32	199	255
Donoso Cortés	C.	P9-28	211	257
Doña	C.	P9-27	219	261
Doña de Tolosa	C.	Q2-26	220	262
Doña Enriqueta	C.	Q3-26	221	262
Doña María Manrique	C.	P9-30	203	257
Doradilla	C.	Q1-30	204	258
Dos Aceras	C.	Q3-24	229	262
Dos de Mayo	C.	R8-27	107	267
Dos Hermanas	C.	P9-27	219	261
Dos Santos	C.	P5-34	192	254
Dracma	Pje.	P6-32	197	254

Nombre de calle	Tipo	Coord.	Foto	Mapa
Drago	C.	R7-25	107	267
Duende	C.	Q2-27	220	262
Dueña	Pje.	P5-24	224	260
Dulcinea del Toboso	C.	R6-27	106	266
Duque de Bejar	C.	R8-26	107	267
Duque de la Victoria	C.	Q3-27	221	262
Duque de Rivas	C.	Q2-25	228	262
Duquesa de Parcent	C.	Q2-29	212	258
Echegaray	C.	Q3-27	221	262
Eclesiastes	C.	Q3-25	229	262
Ecuador	C.	Q2-26	219	261
Edison	C.	P8-29	210	257
Edom	C.	P7-28	210	257
Eduardo Álvarez	C.	P6-32	197	254
Eduardo Bayo	C.	P8-26	218	261
Eduardo Carvajal	C.	P7-28	210	257
Eduardo Dato	Pl.	P8-25	226	261
Eduardo San Martin	C.	P8-26	218	261
Eduardo Torres Roybon	C.	P6-30	201	256
Eduardo Torroja	C.	P4-33	196	254
Eduardo Domínguez Ávila	C.	Q2-24	229	262
Eduardo Marquina	C.	P7-32	198	255
Edward Elgar	C.	P8-30	203	257
Efeso	C.	R8-27	107	267
Efrain	C.	P8-32	198	255
Egipto	C.	Q4-25	230	263
Eguiluz	C.	Q8-25	104	264
Ejido	C.	P8-29	211	257
Elche	C.	Q3-25	229	262
Eloy Sebastián Fraile	C.	P4-30	200	256
Embajadores	Pje.	P5-26	217	260
Emilio Benavent	C.	P7-32	198	255
Emilio Carreras	C.	P5-25	224	260
Emilio de la Cerda	C.	P6-32	197	254
Emilio Lafuente Alcántara	C.	P5-32	196	254
Emilio López Cerezo	Pje.	P5-26	217	260
Emilio Prados	C.	P8-30	202	257
Empecinado	C.	P6-33	197	254
Empedrada	C.	Q2-25	229	262
Empinada	C.	P9-26	219	261
Encarnación Fontiveros	C.	P5-25	224	260
Encío	C.	P7-29	210	257
Enlace	C.	Q6-26	223	263
Enrico Toselli	C.	R1-26	105	265
Enrique Cano Ortega	C.	P6-32	197	254
Enrique de Egas	C.	P7-25	226	261
Enrique Gil Carrasco	C.	Q5-27	222	263
Enrique Herrera Moll	C.	P6-30	201	256
Enrique Jardiel Poncela	C.	P5-25	224	260
Enrique Navarro	Pl.	P9-28	211	257
Enrique Scholtz	C.	P9-27	219	261
Entrecalles	C.	P5-26	216	260
Era	C.	Q7-24	104	264
Esau	Pje.	P8-29	210	257
Escalerilla	C.	Q5-25	231	263
Escobedo	C.	Q3-24	229	262
Escritor Andrey Brincio	C.	Q9-25	107	267
Escritor Jiménez Guzmán	C.	R3-24	105	265
Escritor Manuel Solano	C.	R5-24	106	266
Erilla	C.	P5-32	196	254
Ermitaño	C.	Q2-26	220	262
Ernesto	C.	Q4-25	230	263
Escritor Méndez Sotomayor	C.	R5-24	106	266
Escritor Salvador Roldán	C.	R4-24	106	266
Escritora Fuster Gallardo	C.	R9-25	107	267
Escritora Luciana Narváez	C.	P9-24	227	261

Street name	Type	Coord.	Photo	Map
Escritora Rosa Chacel	Pl.	Q2-26	220	262
Escudero Hipólito	C.	R8-26	107	267
Escultor Marín Higuero	C.	R6-27	106	266
Escultor Paco Palma	C.	R7-27	107	267
Eslava	C.	P9-29	211	257
Esmalte	C.	P6-32	197	254
España	C.	R7-26	107	267
Esparteros	C.	Q2-27	221	262
Especerías	C.	Q2-27	220	262
Esperanto	C.	P9-28	211	257
Esperanza	Pte.	Q4-26	222	263
Esperanza (De La)	C.	Q1-28	212	258
Espronceda	C.	P8-30	203	257
Espuelas (Las)	C.	Q7-24	104	264
Estacha	C.	P4-24	224	260
Estación de el Palo	Av.	R7-27	107	267
Este	Ron.	R6-25	106	266
Estébanez Calderón	C.	P9-27	219	261
Estepona	C.	P8-30	203	257
Estrecha	C.	Q5-25	231	263
Estrellas	C.	P4-25	224	260
Etiopía	C.	R5-25	106	266
Eucaliptus	C.	R5-25	106	266
Eugenio Gross	C.	P8-26	218	261
Eugenio Rioboo	C.	P8-26	218	261
Eugenio Selles	C.	R5-27	106	266
Europa	Av.	P5-32	196	254
Eva	C.	P4-33	196	254
Eusebio Blasco	C.	Q7-25	104	264
Evaristo Minguet	Pje.	P6-27	217	260
Explanada de la Estación	C.	P9-29	211	257
Extremadura	C.	R7-25	107	267
Fajardo	C.	Q2-27	220	262
Farajan	C.	P5-30	200	256
Faraona (La)	Pje.	Q1-26	220	262
Faro	C.	Q5-28	214	259
Farola	Pº	Q5-28	214	259
Fátima	Av.	P4-30	200	256
Federico Alba Varela	C.	P7-30	202	257
Federico Chueca	C.	Q2-24	229	262
Federico García Lorca	C.	P7-32	198	255
Federico Mompou	C.	P8-24	226	261
Fejjoo	C.	P1-27	220	262
Félix Assiego	C.	P8-26	218	261
Félix Corrales	C.	P7-26	218	261
Félix Gómez	C.	P6-33	197	254
Félix Mesa	C.	Q4-25	230	263
Félix Sáenz	Pl.	Q2-27	220	262
Fernán Caballero	C.	Q8-25	104	264
Fernán González	C.	Q2-27	220	262
Fernán Núñez	C.	P9-30	203	257
Fernández Alarcón	C.	P4-27	216	260
Fernández Fermina	C.	P6-29	209	256
Fernando Camino	C.	Q5-28	215	259
Fernando Alcántara	C.	P7-26	218	261
Fernando Chirino	C.	P9-26	219	261
Fernando de Lesseps	C.	Q2-27	220	262
Fernando el Católico	C.	Q4-24	230	263
Fernando Hipólito Lancha	Pl.	P6-26	217	260
Ferrandiz	C.	R3-27	105	265
Ferrari Blanco	C.	R5-26	106	266
Ferraz	C.	P8-32	198	255
Ferrer	C.	P7-26	218	261
Ferrería de Heredia	Pje.	P9-31	203	257
Ferreteros	C.	P6-30	201	256

Nombre de calle	Tipo	Coord.	Foto	Mapa
Ferrocarril	C.	P8-30	203	257
Ferrocarril (Perchel)	C.	P7-30	202	257
Ferrocarril del Puerto	C.	P9-30	203	257
Figuera	C.	P9-26	219	261
Filipinas	C.	P8-25	227	261
Filpo de la Peña	C.	R4-27	106	266
Fiscal Enrique Beltrán	C.	P6-26	217	260
Flamencos	C.	R2-25	105	265
Flores	Pl.	Q2-27	221	262
Flores García	C.	P7-29	210	257
Fontana	C.	P5-32	197	254
Foque	C.	P4-24	224	260
Fortuny	C.	P9-30	203	257
Fraile	C.	Q3-26	221	262
Frailes Cartujos	C.	R9-27	107	267
Fernández Paccetti	Pje.	P4-29	208	256
Francisco	C.	P8-30	202	257
Francisco de Sarria	C.	P6-35	193	254
Francisco de Salinas	C.	P6-35	193	254
Francisco de Rioja	C.	Q2-27	221	262
Francisco de Paula Pareja	C.	P7-27	218	261
Francisco de Cossío	C.	P6-35	193	254
Francisco Bejarano Robles	C.	Q4-27	222	263
Francisco Ballesteros	C.	P7-33	198	255
Francisco Pacheco	C.	P5-35	193	254
Francisco Padilla	C.	P5-35	193	254
Francisco Quevedo	C.	P9-29	211	257
Francisco Jiménez Lomas	C.	P6-34	196	254
Francisco José	C.	P7-27	218	261
Francisco Juan Carrillo	C.	P4-33	196	254
Francisco Martos	C.	R5-25	106	266
Francisco Monje	C.	Q1-26	220	263
Francisco Rueda Pérez	C.	R5-25	106	266
Francisco Silvela	Pl.	Q5-25	230	263
Francisco Vigil Escalera	Pje.	P6-26	217	260
Fray Domingo Pimentel	C.	Q2-24	228	262
Fresca	C.	Q2-27	221	262
Frigiliana	Pje.	P6-33	197	254
Fuengirola	C.	P8-30	203	257
Fuente	C.	Q5-25	231	263
Fuente de la Manía	C.	Q5-25	231	263
Fuente de Leganitos	C.	R8-26	107	267
Fuente del Moro	C.	P5-32	197	254
Fuente de la Piedra	C.	P5-30	200	256
Fuentecilla	C.	P8-24	222	260
Fuentezuela	C.	R8-27	107	267
Fusta	C.	Q1-27	220	262
Fuerza	C.	P5-30	200	256
Fuerte (El)	Pl.	Q5-27	222	263
García Almendro	Pje.	P4-29	210	257
Giner de los Rios	C.	P6-28	209	256
Gabriel Celaya	C.	P9-28	211	257
Gabriel de Encinas	C.	P4-25	221	254
Gabriel y Galán	C.	R5-26	106	266
Gabriela Mistral	C.	P6-33	197	254
Galacho	C.	Q2-24	229	262
Galatas	C.	Q4-25	230	263
Galeaza	C.	Q2-24	229	262
Galeno	C.	P8-24	226	262
Galeón	C.	P5-25	223	260
Galera	C.	Q5-27	226	261
Galicia	C.	R7-26	107	267
Galileo	C.	P4-25	224	260
Gallego	C.	R5-26	106	266
Gallito	C.	P6-33	197	254
Gallo (El)	Crl.	P5-31	201	256
Gamarra	C.	P7-26	218	261
Gamarra (De)	Trav.	P7-26	218	261
Gañanía	C.	R2-25	105	265
Gaona	C.	Q2-26	221	262
Garcerán	C.	P8-32	198	255

Columna 1

Nombre de calle	Tipo	Coord.	Foto	Mapa
Mármoles	C.	P9-27	219	261
Marqués	C.	Q1-27	220	262
Marqués de Cádiz	C.	Q2-27	220	262
Marqués de Guadiaro	C.	Q2-25	228	262
Marqués de la Sonora	C.	Q3-26	221	262
Marqués de Larios	C.	P5-26	216	260
Marqués de Ovieco	C.	Q2-28	213	258
Marqués de Valdecañas	C.	P8-25	226	261
Marqués de Valdeflores	C.	Q2-26	220	262
Marqués de Villafiel	C.	P7-31	202	257
Marqués Vado Maestre	C.	Q2-27	220	262
Marquesa de Moya	Pl.	Q2-27	221	262
Marroquino	C.	Q3-27	221	262
Marruecos	C.	Q1-27	220	262
Martín de la Plaza	C.	Q2-24	229	262
Martín Galíndez	C.	P4-27	216	260
Martín Gargujo	C.	P9-26	219	261
Martínez	C.	P4-32	196	254
Martínez (Trinidad)	C.	Q2-28	213	258
Martínez Barrionuevo	C.	P9-26	219	261
Martínez Campos	C.	Q2-24	228	262
Martínez de la Rosa	Pje.	Q2-28	212	258
Martínez Falero	C.	P7-25	226	261
Martínez Maldonado	C.	R8-27	107	267
Mártires	C.	P8-27	218	261
Martiricos	Pº	Q2-27	221	262
Martos	C.	Q1-24	228	262
Martos Escobar	C.	P8-31	202	257
Matachel	C.	P6-33	213	258
Matagallo	C.	P9-26	219	261
Matarraña	C.	R2-24	105	265
Mateo Luzón	Pl.	P8-25	226	261
Matías Lara	C.	P6-34	193	254
Mauricio Moro Pareto	C.	Q5-27	222	263
Mayoral	C.	P8-29	211	257
Mayorazgo	Av.	Q9-24	104	264
Mayores	Cº.	Q8-25	104	264
Mazanttini	C.	P4-24	224	260
Mazarredo	C.	Q1-25	228	262
Medellín	C.	Q1-28	212	258
Medina Azahara	C.	R8-26	107	267
Medina Conde	C.	Q3-26	221	262
Mediodía	C.	R6-27	106	266
Meléndez	Pje.	Q2-26	221	262
Melgarejo	C.	Q3-26	221	262
Méndez Núñez	C.	Q3-26	221	262
Mendivil	C.	P9-29	211	257
Mendizábal	Pl.	Q4-25	230	263
Mendoza	C.	P8-32	198	255
		P8-31	202	257
Menéndez Pelayo	C.	R5-27	106	266
Menita	C.	R3-27	105	265
		R4-27	106	266
Menorca	C.	P4-35	192	254
Merced	Pl.	Q3-26	221	262
Meridiana	C.	R2-24	105	265
Merlo	C.	P7-29	210	257
Merluza	C.	P7-25	226	261
Mero	C.	P7-24	226	261
Mesana	C.	P7-29	210	257
Mesías	C.	P4-28	208	256
Mesón de la Victoria	C.	Q2-27	220	262
Mesón de Vélez	C.	Q2-28	213	258

Columna 2

Street name	Type	Coord.	Photo	Map
Miguel Moreno Masson	C.	P6-28	209	256
Miguel Moya	C.	R8-27	107	267
Miguel Serrano de las Heras	Pl.	P6-29	209	256
Mijas	C.	P5-30	201	256
Milagrosa (La)	C.	P6-34	193	254
Millones	C.	P6-26	217	260
Millones (Los)	Grp.	P6-26	217	260
Mimbre	C.	P5-32	197	254
Mimosas	C.	Q7-26	104	264
		Q6-26	223	263
Mina		P9-30	203	257
		Q1-30	204	258
Mindanao	C.	P9-26	219	261
Minilla (La)	C.	Q9-24	104	264
Ministerio de la Vivienda	C.	P6-26	217	260
Miraamapolas	C.	P7-25	226	261
Miragladiolos	C.	P7-24	226	261
Mirajazmines	C.	P7-29	210	257
Miramar	Pº	Q8-26	104	264
Miramar de el Palo	Pl.	R7-27	107	267
Miramargaritas	C.	P7-24	226	261
Miraorquídeas	C.	P7-24	226	261
Mirapetunias	C.	P7-24	226	261
Mirarosas	C.	P7-25	226	261
Miratulipanes	Pje.	P7-24	226	261
Miravioletas	C.	P7-24	226	261
Mirlo	Lug.	P4-27	216	260
Mirra	C.	P4-29	208	256
Misericordia	Pl.	P9-29	211	257
Misericordia (de la)	Pte.	Q1-28	212	258
Mitjana	Pje.	Q4-25	230	263
Mochingo	C.	P5-26	217	260
Moclinejo	C.	P4-29	208	256
Molina Lario	C.	Q3-28	213	258
Molinillo del Aceite	C.	Q3-27	221	262
Molino	C.	Q2-26	220	262
Molino Hundido	C.	Q3-24	229	262
Moll	Pje.	R6-26	106	266
Moncada	C.	Q1-29	212	258
Moncayo	C.	P8-30	203	257
Monseñor Bocanegra	Pl.	R9-26	107	267
Monseñor Carrillo Rubio	C.	P7-24	226	261
Monseñor Oscar Romero	C.	P8-27	218	261
Montalbán	C.	P9-28	211	257
		Q1-28	212	258
Monte de Miramar	Pje.	R3-27	105	265
Monte de Sacha	Ram.	Q7-26	104	264
Monte de Sancha	C.	Q6-27	223	263
Monte Pizarro	C.	P8-24	227	261
Monte Sancha (de)	Trav.	Q7-27	104	264
Monte Victoria	Sub.	Q5-25	230	263
Monteleón	C.	P9-26	219	261
Montes	Pl.	P9-26	219	261
Montes de Oca	C.	P9-27	219	261
Montesa	Pje.	P8-30	202	257

Columna 3

Nombre de calle	Tipo	Coord.	Foto	Mapa
Montiel	C.	R8-27	107	267
Montseny	C.	R9-26	107	267
Montserrat	C.	Q2-24	229	262
Mora	Pje.	R8-27	107	267
Moraima	C.	P7-25	226	261
Morales Villarrubia	C.	P7-26	218	261
Moratín	C.	Q3-27	221	262
Morejón	C.	R8-27	107	267
Morena	C.	P5-27	216	260
Moreno Carbonero	C.	Q2-27	220	262
Moreno Monroy	C.	Q2-27	221	262
Moreno Nieto	C.	P8-24	226	261
Moreno Villa	Pl.	P8-31	203	257
Moretí	C.	P6-33	197	254
Morillas	C.	P8-24	227	261
Mosquera	C.	Q2-26	221	262
Moya	C.	Q3-24	229	262
Mozart	Pl.	P5-34	192	254
Muladíes	C.	P6-27	217	260
Mulhacén	C.	R9-26	107	267
Mundo Nuevo	C.	Q4-27	222	263
Muñoz Degrain	C.	P8-31	203	257
Muñoz Torrero	C.	Q1-27	220	262
Murillo	C.	Q2-25	228	262
Murillo Carreras	Pl.	P8-31	203	257
Muro de las Catalinas	C.	Q2-26	220	262
Muro de Puerta Nueva	C.	Q2-27	220	262
Muro de San Julián	C.	Q2-26	221	262
Muro de Santa Ana	C.	Q3-27	221	262
Najerilla	C.	P7-25	226	261
Nalón	C.	P5-24	224	260
Narcea	C.	P7-25	226	261
Narciso Pérez Teixeira	C.	P9-27	219	261
Natalia	C.	P9-26	219	261
Navalón	C.	Q1-29	212	258
Navarra	C.	R8-26	107	267
Navarro	Cjón.	P4-24	224	260
Navas (Las)	C.	P8-32	198	255
Navas de Tolosa	C.	Q6-27	223	263
Navas Ramírez	C.	R4-27	106	266
Navia	C.	P4-24	224	260
Neftalí	C.	P7-28	210	257
Negros (Los)	C.	Q3-25	229	262
Nehemías	Av.	P4-31	200	256
Nerva	C.	P5-35	192	254
Nicaragua	C.	P8-25	226	261
Nicasio Calle	C.	Q2-27	221	262
Niceto Ramírez	Pje.	P8-25	227	261
Nicolás Salmerón	C.	P8-25	227	261
Niño de Gloria	C.	P5-32	196	254
Niño de Guevara	C.	Q3-27	221	262
Niño de las Moras	C.	P6-30	201	256
Niño del Museo	Pl.	P5-33	196	254
Niño Jesús de Praga	C.	P5-33	196	254
Niños	Crl.	Q7-26	104	264
Nisau	C.	R3-26	105	265
Noblejas	Pje.	Q1-29	212	258
Noe	C.	P5-28	208	256
Noray	C.	P7-29	210	257
Nosquera	C.	Q2-26	221	262
Noya	C.	P8-25	226	261
Nuestra Señora de la Victoria	Pje.	R3-27	105	265
Nuestra Señora de las Candelas	C.	P4-35	192	254
Nuestra Señora de los Clarines	C.	P7-24	226	261
Nuestra Señora de Tiscar	C.	P5-24	224	260
Nuestra Señora del Carmen	Pl.	P5-29	209	256
Nuestra Señora del Pilar	Pje.	R7-26	107	267
Nueva	C.	Q2-27	221	262
Numancia	C.	Q3-24	229	262
Núñez Vela	C.	P4-26	216	260
Nuño Gómez	C.	Q2-26	220	262

Benalmádena

parte más alta desde donde se divisa un bello paisaje. Según se desciende hacia la costa van apreciando zonas de gran interés turístico.

Las Torres Vigía de Torremuelle, Torrequebrada y Torrebermeja dan fe de que su historia data de muy antiguo, fenicios y romanos tuvieron asentamientos en estos parajes. El nombre de la ciudad fue otorgado por los árabes, Ben Almádena, que significaría Hijos de las Minas.

Es una ciudad que cuenta con un gran número de monumentos históricos, por lo que además de ser una zona de ocio también lo es cultural. Destacan el Castillo de Bil Bil, el Castillo de Colomares, la Plaza de España, la Escultura de Buda, la Iglesia de Santo Domingo Guzmán, los Jardines del Muro, el Parque de la Paloma y el Museo Arqueológico Precolombino inaugurado en 1970.

Gastronomía: Espetón de sardinas, pescadito frito, migas.

Fiestas: El Corpus Christi se celebra en mayo o junio. La Feria de San Juan se celebra el 24 de junio en Arroyo de la Miel que celebra sus fiestas mayores. La Veladilla del Carmen se celebra en Benalmádena Costa el 16 de julio. La Fiesta de la Virgen de la Cruz se celebra en Benalmádena pueblo el 15 de agosto.

Playas: Arroyo de la Miel, Arroyo Hondo, Benalnatura-Torrequebrada, Bil Bil, Carvajal, Malapesca, La Morera, La Perla, Santa Ana, Tajo de la Soga, Torremuelle, Torrevigía, Las Viborillas, Las Yucas.

Altitud: 200 m.
Latitud: 36 35'
Longitud: -4 34'
Superficie: 27 Km²
Distancia a la capital provincial: 22 Km.
Población total: 34.565 hab.
Población de varones: 16.911 hab.
Población de mujeres: 17.654 hab.
Porcentaje de población menor de 20 años: 22%
Porcentaje de población mayor de 65 años: 12%
Comunidad: Andalucía
Provincia: Málaga
Comarca: Costa del Sol Occidental
Municipio: Benalmádena
Partido Judicial: Torremolinos
Gentilicio: Benalmadenses

Benalmádena is a tourist area located between the mountain and the sea. The town is located at the highest point with beautiful views. As one descends to the coast, there are areas of great tourist interest.

The Watchtowers of Torremuelle, Torrequebrada and Torrebermeja are a testimony of the ancient history of the area dating form the times of the Phoenicians and Romans, who had settlements in this area. The name of the town comes from the Arabic, Ben Almadena, meant Children of the Mines.

It is a town with a large number of historical monuments, making it a cultural centre as well as a leisure area. We can highlight the Castle of Bil Bil, the Castle of Colomares, the Plaza de España, the Sculpture of Buda, Santo Domingo Guzmán church, the Jardines del Muro, the Parque de la Paloma and the Pre-Colombian Archaeological Museum opened in 1970.

Fiestas: Corpus Christi is celebrated in May or June. The Feria de San Juan is held on June 24th in Arroyo de la Miel in its Fiestas Mayores. La Veladilla del Carmen is held in Benalmádena Costa on July 16th. The Fiesta de la Virgen de la Cruz is held in Benalmádena town on August 15th.

Gastronomy: Espetón de sardinas (skewer of sardines), pescadito frito (fried fish), migas (breadcrumb based dish).

Beaches: Arroyo de la Miel, Arroyo Hondo, Benalnatura-Torrequebrada, Bil Bil, Carvajal, Malapesca, La Morera, La Perla, Santa Ana, Tajo de la Soga, Torremuelle, Torrevigía, Las Viborillas, Las Yucas.

Entidad - Point of interest		
Name of the inhabitants: Benalmadenses		
Jurisdiction of: Torremolinos		
Municipal district: Benalmádena		
District: Costa del Sol Occidental		
Province: Málaga		
Community: Andalusia		
Percentage of population over 65: 12%		
Percentage of population under 20: 22%		
Female population: 17,654.		
Male population: 16,911.		
Total number of inhabitants: 34,565.		
Distance from the provincial capital: 22 Km.		
Area: 27 Km²		
Longitude: -4 34'		
Latitude: 36 35'		

Arquitectura religiosa	Coord.	Foto	Map.
Iglesia Virgen La Salud	N6-59	175	249

Complejos comerciales y de ocio	Coord.	Foto	Map.
Ctro. Comercial Res. Benalmar	N6-59	175	249
Ctro. Comercial Res. Marina Plaza	N7-60	172	249
Ctro. Comercial Res. Maryola	N6-60	171	249
Ctro. Comercial Res. Ole	N6-60	170	249
Ctro. Comercial Res. Sol-Mar	N7-59	176	249

Edificios singulares	Coord.	Foto	Map.
Capitanía del Puerto	N7-60	172	249
Casa El Delfin Verde		74	74

Deportes y espectáculos	Coord.	Foto	Map.
Campo de Futbol El Tomillar	N4-59	174	248
Club Nautico	N7-60	172	249
Zodiac El Parque		74	

Estructuras de población y servicios	Coord.	Foto	Map.
Clinica Virgen la Salud	N5-59 174/5	174	248
Col. Público El Tomillar	N4-59	174	248
Col. Público La Leala	N4-58	175	248
Correos y Telegrafos	N6-59	175	249
Cruz Roja	N5-61	170	248
Esc. Taller Municipal	N8-61	172	249
Oficina de Turismo	N7-59	176	249
Servicios Médicos	N6-60	171	249

Manzana genérica o edificada	Coord.	Foto	Map.
Aptos. Alay	N7-60	172	249
Aptos. Alegranza	N6-58	175	249
Aptos. Alne	N7-59	176	249
Aptos. Benal Playa	N4-61	170	248
Aptos. Benal Playa II	N4-61	170	248
Aptos. Benal Playa III	N7-59	170	248
Aptos. Benasol	N4-61	170	248
Aptos. Bonanza	N7-59	176	249
Aptos. Carlota	N5-60 170/1		248
Aptos. Carlota	N5-61 170/1		248
Aptos. Conaima	N6-61	171	249
Aptos. Copi	N7-59	176	249
Aptos. Costa del Sol	N7-59	176	249
Aptos. Diana I	N7-60	172	249
Aptos. Diana II	N6-60	171	249
Aptos. Don Daniel	N5-60 170/1		248
Aptos. Don Jimeno	N5-60 170/1		248
Aptos. El Ancla	N7-59	176	249
Aptos. El Dorado	N7-59	176	249
Aptos. Flamingos	N6-60	171	249
Aptos. Ilusión	N6-60	171	249
Aptos. La Leala	N6-60	171	249
Aptos. La Marina	N6-60	171	249
Aptos. Las Naciones	N7-59	176	249
Aptos. Leiro	N6-60	171	249
Aptos. Los Cisnes	N6-60	171	249
Aptos. Los Cisnes I	N5-61 170/1		248
Aptos. Los Cisnes II	N5-61 170/1		248
Aptos. Los Cisnes III	N5-61 170/1		248
Aptos. Los Horizontes	N5-61 170/1		248
Aptos. Los Porches	N7-59	176	249
Aptos. Mar del Sur	N7-59	176	249
Aptos. Mayorla	N6-60	171	249
Aptos. Montecarlo	N7-59	176	249
Aptos. Ole	N7-60	172	249
Aptos. Orfeo Azul	N6-60	171	249
Aptos. Puertosol	N6-59	175	249
Aptos. Saconia	N7-59	176	249
Aptos. San Cristóbal	N5-60 170/1		248
Aptos. Silica	N7-60	172	249
Aptos. Tamarindos I	N7-60	172	249
Aptos. Tamarindos II	N7-60	172	249
Aptos. Torremar	N7-60	172	249
Aptos. Torremar Alto	N5-60 170/1		248
Aptos. Uri-Zabes	N6-58	175	249
Aptos. Vista Azul	N6-60	171	249
Cjto. Granada	N5-61 170/1		248
Cjto. Roca Beach	N4-61	170	248
Cjto. Yolamar	N5-60 170/1		248
Res. Almudena	N4-59	174	248
Urb. Bellavista	N6-60	171	249
Urb. Fuente Salud	N7-60	172	249
Urb. La Hidalga		72	
Urb. La Martiersa	N5-59 174/5		248
Urb. Las Yucas	N5-59 174/5		248
Urb. Miramar-Oasis	N5-59 174/5		248
Urb. Pueblo Don Paco	N6-59	175	249
Urb. Solimar Alto	N4-59	174	248
Urb. Zodiaco Corinto	N4-59	174	248

Entornos naturales y zonas verdes	Coord.	Foto	Map.
Jardines del Puerto	N8-60	172	249
Parque de las Palomas	N4-61	170	248
Parque de Arroyo Hondo		72	
Playa de la Yuca		72	
Playa de la Yuca		73	
Playa de Torremuelle		72	
Playa de Torrequebrada		74	
Playa Torre Vigia		74	
Punta de Peralejo		75	
Punta Negra		74	

Otros	Coord.	Foto	Map.
Hidalga		72	
La Cantarina		73	
Las Zorreras		73	
Los Bucaneros		73	
Torremuelle		72	
Torrequebrada		74	

Poblaciones	Coord.	Foto	Map.
Benalmádena Costa	N1-62	74	248

Calahonda

Ésta es una pequeña localidad, que consta de poco más de un centenar de pequeñas urbanizaciones, limítrofe entre la costa de Mijas y la de Marbella. Sus inicios como urbanización comienzan el siglo pasado, en el año 66, y llegan a su cenit en 2002.

Altitud: 10 m.
Superficie: 149 Km²
Distancia a la capital provincial: 31 Km.
Población total: 10.700 hab.
Comunidad: Andalucía
Provincia: Málaga
Comarca: Costa del Sol Occidental
Municipio: Mijas
Partido Judicial: Fuengirola

This is a small town, composed of little more than one hundred small residential estates, bordering with the coast of Mijas and that of Marbella. Its origin dates back to 1966, and its size peaks in 2002.

Entidad - Point of interest		
Community: Andalusia		
Total number of inhabitants: 10,700		
Distance from the provincial capital: 31 Km.		
Area: 149 Km²		
Altitude: 10 m.		

Province: Malaga
District: Costa del Sol Occidental
Municipal area: Mijas
Jurisdiction of: Fuengirola

Entidad - Point of interest	Coord.	Foto	Map.
Entidades singulares			
Camping Marbella			55
Campo de Golf			50
Club hípico			55
Cortijo de Claro			58
Puerto de Cabo Pino			52
Torre de Calahonda			57
Torre del Lance de las Cañas			59
			56
Manzana genérica o edificada			
Agua Marina / Calahonda			60
Calypso			59
Juncal Sur			60
Urb. Jardín Butiplaya			61
Urb. La Butibamba			61
Urb. Las Chapas			56
Urb. Playasol			61
Entornos naturales y zonas verdes			
Artola / Artola alta			57
Butiplaya			61
Pinares Verdes			55
Playa de Alicante			52
Playa de Artola			57
Playa de Calahonda			59
Playa de las Cañas			56
Playa de las Chapas			54
Punta de la Torre Nueva			61
Reserva de Marbella			57
White Pearl Beach			54
Otros			
El Real de Zaragoza			54
Elviria			53
Las Mimosas			39
Ricmar			53
Riviera del Sol			59
Poblaciones			
Sitio de Calahonda	11-86		58

Campanillas

Altitud: 160 m.
Superficie: 394 Km²
Población total: 14.677 hab.
Comunidad: Andalucía
Provincia: Málaga
Comarca: Málaga
Municipio: Málaga
Partido judicial: Málaga

Altitude: 160 m.
Area: 394 Km²
Total number of inhabitants: 14,677
Community: Andalusia
Province: Malaga
District: Malaga
Municipal area: Malaga
Jurisdiction of: Malaga

Coín

Entre la Costa del Sol y el interior de la provincia de Málaga se encuentra uno de los municipios más fértiles de la provincia, regado por los afluentes del Guadalhorce, Coín. Existen hallazgos arqueológicos de la época prehistoria en el Llano de la Virgen, pero no se sabe con exactitud el momento en que comenzaron los primeros asentamientos en esta zona, pero sí se sabe que la fundación de Coín fue en la época musulmana. Prueba de esta presencia musulmana son los vestigios que han quedado en el casco antiguo de la ciudad. Otra característica de la zona es su vinculación con el agua. A Coín podría llamársela la Ciudad de las Fuentes, dado el elevado número de fuentes públicas que se pueden ver en el casco antiguo. Asimismo, son de destacar en esta urbe sus iglesias: la de Santa María de la Encarnación (siglo XV), la de San Juan (siglo XVI), la de San Andrés (siglo XVIII) y la ermita de Nuestra Señora de Fuensanta (1544-1620).

Fiestas: La Romería de Nuestra Señora de la Fuensanta, patrona de Coín tiene dos momentos importantes: el primer domingo de mayo cuando se traslada la venerada imagen desde el pueblo hasta su ermita, y el primer domingo de junio cuando los romeros la acompañan de regreso hasta la iglesia de San Juan, de nuevo en el pueblo..

Gastronomía: Sopas cachorreñas, cocido o puchero en sus diversas variedades de preparación, gazpachuelo, sopa de pimiento y tomate, mojete, tortilla de tagarninas, sopa hervida y potajes varios.

Altitud: 202 m.
Latitud: 36 39'
Longitud: -4 45'
Superficie: 127 Km²
Distancia a la capital provincial: 36 Km.
Población total: 17.388 hab.
Población de varones: 8.641 hab.
Población de mujeres: 8.747 hab.
Porcentaje de población menor de 20 años: 24%
Porcentaje de población mayor de 65 años: 15%
Comunidad: Andalucía
Provincia: Málaga
Comarca: Valle del Guadalhorce
Municipio: Coín
Partido judicial: Coín
Gentilicio: Coínos

Between the Costa del Sol and the interior of the province of Malaga lies Coín, with some of the most fertile land in the province, watered by the tributaries of the Guadalhorce. It has archaeological remains from prehistoric times in the Llano de la Virgen, it is not known exactly when the area was first settled in, but it is known that Coín was founded in the Arab era.

A proof of this Moslem presence are the remains in the old quarter of the city. Another characteristic of the area is its link to water.

Coín could be called the City of the Fountains, due to the large number of public fountains in its old quarter. One can also highlight its churches: Santa María de la Encarnación (15th century), San Juan (16th century), San Andrés (18th century) and the shrine of Nuestra Señora de Fuensanta (1544-1620).

Fiestas: The Romería de Nuestra Señora de la Fuensanta, patron of Coín has two important moments: the first Sunday in May, when the venerable image is moved from the town to its shrine, and the first Sunday of June, when the pilgrims accompany it back to the church of San Juan, in the town.

Gastronomy: Sopas cachorreñas, cocido or puchero (stew) in its different varieties, gazpachuelo, pepper and tomato soup, mojete, tortilla de tagarninas (omelette), sopa hervida (soup) and assorted stews.

Altitude: 202 m.
Latitude: 36 39'
Longitude: -4 45'
Area: 127 Km²
Distance from the provincial capital: 36 Km.
Total number of inhabitants: 17,388
Male population: 8,641
Female population: 8,747
Percentage of population under 20: 24%
Percentage of population over 65: 15%
Community: Andalusia
Province: Malaga
District: Valle del Guadalhorce
Municipal area: Coín
Jurisdiction of: Coín
Name of the inhabitants: Coinos

Estepona

En el Suroeste de la provincia de Málaga, protegida por el Norte por Sierra Bermeja y con el aliciente de su bellísima costa, se encuentra la localidad de Estepa. Pueblo de tradición de pescadores, hoy es un gran centro para turistas. El origen de la fundación de esta ciudad no se sabe a ciencia cierta. El nombre primitivo de Estepona fue Astapa (Ciudad del Agua), por lo que se piensa que fue fundada por los fenicios. Algunos historiadores creen que el origen de la ciudad está en un poblado ibérico llamado Salduba mientras que otros opinan que la ciudad fue fundada por los árabes denominándola Estebbuna. Lo que sí se sabe es que en su historia se mezclan fenicios, romanos y árabes.

En el casco antiguo se conservan algunos monumentos que dan testimonio del paso de otras culturas como las Ruinas del Castillo de Nicio, la Parroquia de Nuestra Señora de los Remedios y diferentes yacimientos arqueológicos de la época romana.

Playas: Arroyo de los Caños, Arroyo Vaquero, Bahía Dorada, Bella, Casasola, El Castor, Costa Natura, El Cristo, La Galera, Guadalmansa, Guadalobón, Punta de la Plata, La Rada, El Saladillo.

Fiestas: El 15 de mayo se celebra San Isidro Labrador, comenzando la fiesta una semana antes con la romería a la Ermita del Santo Patrón de los labradores.
La noche del 23 de junio es la Quema de los bigotes de San Juan. La virgen del Carmen se celebra el 16 de julio.

Gastronomía: Pescadito frito, Ajoblanco, Sopa campera, gazpacho, sardinas al espeto y a la teja.

Altitud: 18 m.
Latitud: 36 25'
Longitud: -5 08'
Superficie: 137 Km²
Distancia a la capital provincial: 83 Km.
Población total: 43.109 hab.
Población de varones: 21.289 hab.
Población de mujeres: 21820 hab.
Porcentaje de población menor de 20 años: 24%
Porcentaje de población mayor de 65 años: 13%
Comunidad: Andalucía
Provincia: Málaga
Comarca: Costa del Sol Occidental
Municipio: Estepona
Partido Judicial: Estepona
Gentilicio: Esteponeros

In the southwest of the province of Malaga, protected on the north by Sierra Bermeja and with its extremely beautiful coast, lies the district of Estepa. Originally a fishing village, today it is a great tourist centre. The origins of the town or not known exactly. The old name of Estepona was Astapa (City of Water), thus it is though it was founded by the Phoenicians. Some historians think that the town originated in a Iberian settlement called Salduba, while other are of the opinion that the town was founded by the Arabs, and they called it Estebbuna. What is known for sure is that its history involves Phoenicians, Romans and Arabs.

In the old quarter, there are some monuments that testify to the past cultures that existed here, such as the ruins of the Castle of Nicio, the parish church of Nuestra Señora de los Remedios and different archaeological sites from the Roman era.

Beaches: Arroyo de los Caños, Arroyo Vaquero, Bahía Dorada, Bella, Casasola, El Castor, Costa Natura, El Cristo, La Galera, Guadalmansa, Guadalobón, Punta de la Plata, La Rada, El Saladillo.

Fiestas: On May 15th the feast of San Isidro Labrador is celebrated, the fiesta begins one week before with the pilgrimage to the Shrine of the Patron Saint of farmers.
On the night of June 23rd the moustache of San Juan is burnt. The Virgen del Carmen is celebrated on July 16th.
Gastronomy: Pescadito frito (fried fish), Ajoblanco (cold

garlic and almond soup), Sopa campera (Country soup), gazpacho (cold vegetable soup), sardinas al espeto (skewered Sardines) and a la teja (tile-baked sardines).

Town located Villa in the western part of the Costa del Sol, founded in the time of the Iberian tribes. However, its Roman roots are more visible. Its municipal area is one of the smallest in the province, composed of a small coastal strip 10 kilometres long. Although the town still has remains from ancient civilizations, tourism has made large buildings and new constructions predominant. One of the most characteristic monuments is the Castle of Sohail, name given by the Arabs to this town, from the southern constellation Canopus (called Sohail by the Arabs).

Altitude: 18 m.
Latitude: 36 25'
Longitude: -5 08'
Area: 137 Km²
Distance from the provincial capital: 83 Km.
Total number of inhabitants: 43,109.
Male population: 21,289.
Female population: 21,820.
Percentage of population under 20: 24%
Percentage of population over 65: 13%
Community: Andalusia
Province: Malaga
District: Costa del Sol Occidental
Municipal area: Estepona
Jurisdiction of: Estepona
Name of the inhabitants: Esteponeros

Fuengirola

Villa situada en la parte oriental de la Costa del Sol, cuya fundación se remonta a la época de los íberos. Sin embargo, su raíz romana aparece con mayor nitidez. Su término municipal es de los más pequeños de la provincia, se reduce a una franja costera de 10 kilómetros. Aunque su casco urbano todavía conserva vestigios de antiguas civilizaciones, el turismo ha hecho que predominen los grandes edificios y las construcciones nuevas. Uno de los monumentos más característicos es el Castillo de Sohail, nombre con que los árabes denominaban a esta villa, por la constelación austral Canopus (llamada por los árabes Sohail).
También son de destacar la Iglesia de la Virgen del Rosario, la Iglesia de Nuestra Señora del Carmen, el yacimiento romano Finca del Secretario y los yacimientos de Torreblanca del Sol.

Playas: Los Boliches, El Castillo, El Egido, Las Gaviotas, Los Olimpos, San Francisco, Santa Amalia, Torreblanca.

Fiestas: La primera fiesta del año es la Feria Internacional de los Pueblos que se celebra en el mes de marzo. La Veladilla del veraneante se celebra en el mes de... en agosto, la romería en septiembre Y la Virgen del Rosario el 7 de octubre.

Gastronomía: Ajoblanco, espetos de sardinas, gazpacho, gazpachuelo, pescadito frito, sopa de pescado.

Altitud: 6 m.
Latitud: 36 32'
Longitud: -4 37'
Superficie: 10 Km²
Superficie cultivo: m2
Distancia a la capital provincial: 27 Km.
Población total: 49.675 hab.
Población de varones: 24.245 hab.
Población de mujeres: 25.430 hab.
Porcentaje de población menor de 20 años: 23%
Porcentaje de población mayor de 65 años: 15%
Comunidad: Andalucía
Provincia: Málaga
Comarca: Costa del Sol Occidental
Municipio: Fuengirola
Partido Judicial: Fuengirola
Gentilicio: Fuengiroleños

We can also highlight the church of the Virgen del Rosario, the church of Nuestra Señora del Carmen, the Roman site Finca del Secretario and the sites of Torreblanca del Sol.

Beaches: Los Boliches, El Castillo, El Egido, Las Gaviotas, Los Olimpos, San Francisco, Santa Amalia, Torreblanca.

Gastronomy: Ajoblanco, espetos de sardines, gazpacho, gazpachuelo (typical Gazpacho of Malaga), fried fish, fish soup.

Fiestas: The first fiesta of the year is the Feria Internacional de los Pueblos (International Fair of the Peoples) held in March. La Veladilla del veraneante is held in August, the romería (pilgrimage) in September and the Virgen del Rosario on October 7th.

Altitude: 6 m.
Latitude: 36 32'
Longitude: -4 37'
Area: 10 Km²
Area cultivated: m2
Distance from the provincial capital: 27 Km.
Total number of inhabitants: 49,675
Male population: 24,245
Female population: 25,430
Percentage of population under 20: 23%
Percentage of population over 65: 15%
Community: Andalusia
Province: Malaga
District: Costa del Sol Occidental
Municipal area: Fuengirola
Jurisdiction of: Fuengirola
Name of the inhabitants: Fuengiroleños

Arquitectura religiosa

Entidad	Coord.	Foto	Mapa
Ermita Ntra. Sra. Fátima	L2-73	165	247
Iglesia Nuestra Señora del Carmen	K8-76	156	245
Iglesia San José	K8-74	160	245
Iglesia Santa Fe	L2-71	169	247
Iglesia Virgen del Campo	L2-71	169	247

Complejos comerciales y de ocio

Entidad	Coord.	Foto	Mapa
Parque Acuático		159	
Parque Zoológico		156	

Deportes y espectáculos

Entidad	Coord.	Foto	Mapa
Campo de Futbol de Suel		160	
Campo de Futbol Santa Fe		169	
Campo Municipal Deportes Eloa	K8-73	163	246
Club Náutico	L1-74	161	245
Pabellón Cubierto Juan Gómez	K8-72	163	246
Palacio Deportes	K8-72	163	246
Piscina cubierta Municipal	K8-72	163	246
Pista Deportiva	K7-76	155	244
Plaza de Toros		156	

Edificios singulares

Entidad	Coord.	Foto	Mapa
Casa de la Cultura	K8-75	160	245
Castillo de Sohail		67	
Faro de Calaburras		65	
Museo Artes y Costumbres Pop.	K8-76	156	245
Torre de Calaburras		65	

Estructuras de población y servicios

Entidad	Coord.	Foto	Mapa
Ambulatorio	K9-72	164	247
Ambulatorio S.Social	K7-77	155	244
Ayuntamiento	K8-75	160	245
C.P. Santa Fe de Los Boliches		168	
C.P. Virgen de la Peña		159	
Cementerio Municipal	K7-76	155	244
Col. Acapulco	K9-72	164	247
Col. Andalucía	K7-73	162/3	246
Col. María Auxiliador	K8-76	156	245
Col. Miguel Cervantes	K7-73	162/3	246
Col. Público Azahar	K8-73	163	246

Entidad

Entidad	Coord.	Foto	Mapa
Col. Público Pablo Picasso	K8-74	160	245
Col. Santa Fe de los Boliches	L1-71	168/9	247
Col. Sohail	K8-76	156	245
Colegio	K7-77	155	244
Correos y Telégrafos	L1-70	168/9	247
Ctro. Salud	K9-75	160	245
Ctro. Toxicomanía	K9-72	164	247
Cuartel Guardia Civil	K8-76	156	245
Depósito Municipal de Vehículos	K8-73	163	246
Instituto Formación Profesional	K8-72	163	246
Ins. Social la Marina	K9-76	156/7	245
Ins. Nacional Oceanógrafa	L1-75	161	245
Ins. Nacional de S.S.	K7-77	155	244
Ins. Bchto. El Boliche	K9-72	164	247
Juzgados	K8-77	156	245
Ministerio de Obras Públicas	K7-74	159	244
Ministerio Trabajo y S.S.	K7-74	159	244
Oficina de Turismo	K9-74	160	245
Palacio Cultural	K8-72	163	246
Palacio Justicia	K8-72	163	246
Paseo Marítimo Rey de España		156	
Policía Local	K8-76	156	245
Policía Municipal	K8-75	160	245
Policía Nacional	K8-76	156	245
Protección Civil	K8-77	156	245
Seguridad Social	K7-75	159	244

Infraestructura de transportes

Entidad	Coord.	Foto	Mapa
Apeadero RENFE	L2-71	169	247
Ctra. Coín		158	
Ctra. Mijas		163	
Estación de Autobuses	K9-75	160	245
Estación de F.F.C.C	K9-75	160	245
N-340		62	
Puerto Deportivo de Fuengirola		161	

Manzana genérica o edificada

Entidad	Coord.	Foto	Mapa
Aptos. Afrecha	L1-72	164/5	247
Aptos. Embajador	K8-77	156	245
Aptos. Javisol	K8-77	156	245
Aptos. Benasol	K9-74	160	245
Aptos. Alcantara	K8-75	160	245
Aptos. La Residencia	K9-74	160/1	245
Aptos. Las Yucas	K9-74	160/1	245
Aptos. Carvajal	K9-74	160/1	245
Aptos. Pauli	K9-74	160/1	245
Aptos. Sierramar	K9-74	160/1	245
Aptos. Sohail	K7-77	155	244
Aptos. Veramar I	K9-74	160/1	245
Aptos. Yamasol	L1-73	164/5	247
Cjto. Res. Alhambra	L1-72	164/5	247
Cjto. Res. Lance del Sol	L2-70	169	247
Cjto. Res. Las Torres	L1-72	164/5	247
Pol. Ind. La Vega	L1-72	164/5	247
Torreblanca del Sol			154
Urb. Alcantara			68
Urb. Benasol			62
Urb. Buganvillas			71
Urb. Carvajal			62
Urb. Cosmopolis			69
Urb. Chaparral			64
Urb. El Conejo			63
Urb. El Hornillo			70
Urb. El Longarejo			166
Urb. El Oasis			167
Urb. Faro de Calaburras			63
Urb. Hoya de Mijas			63
Urb. Jarama			68
Urb. La Cortijera			62
Urb. La Estrella			62
Urb. La Herencia			63
Urb. La Morera			62
Urb. La Perla			65
Urb. La Ponderosa			62
Urb. Los Chopos			66
Urb. Los Claveles			64
Urb. Los Olimpos			64
Urb. Mahame			66
Urb. Marina del Sol			64
Urb. Playa Marina			62
Urb. Puebla Lucía			71
Urb. Reina Fabiola			71

Málaga

La historia de Málaga nace del mar, de pueblos que llegaron a sus costas a través de él. Fue fundada por los fenicios en el siglo VIII a.C y la denominaron Malaka. Hoy Málaga es una ciudad moderna con una bien ganada fama a nivel turístico. Bien comunicada con las principales ciudades europeas, y puente natural con los países del Magreb, se posiciona como la capital económica de Andalucía.

Sin embargo, no sólo es atractiva por su ubicación, su clima y sus playas, también ofrece muchos lugares para visitar. Sus jardines, sus edificios de reminiscencias árabes y el encanto de sus lugareños son atractivos de esta gran ciudad.

Sus monumentos dan fe de su antiquísima historia, desde el Alcazaba y sus alrededores, donde se encuentra el Museo Arqueológico Provincial; la Catedral de la época de los Reyes Católicos; la iglesia gótica del Sagrario y el Santuario de la Virgen de la Victoria; hasta la Casa del Consulado y la casa natal de Picasso.

Playas: Baños del Carmen, Campo de Golf, El Candado, El Chanquete, El Palo, Fábrica de Cemento, Guadalhorce, Guadalmar, Huelin, La Araña, La Caleta, La Malagueta, La Misericordia, Las Acacias, Pedregalejo, Peñón del Cuervo, San Andrés, San Julián.

Fiestas: De mayo a junio tiene lugar la fiesta de las Cruces de Mayo, la festividad de los patronos San Ciríaco y Santa Paula y la Noche de San Juan. El 16 de julio se homenajea a la Virgen del Carmen, con su procesión marinera. La Feria de Agosto tiene lugar el tercer viernes de dicho mes. El sábado de Feria tiene lugar la Romería al Santuario de la Victoria, que desciende desde su santuario para recibir el homenaje de los malagueños en la Catedral. Y en diciembre, el día 28, la Fiesta Mayor de Verdiales, en la que se puede apreciar un folclore único

Gastronomía: Ensalada malagueña, pescadito frito, ajo coloroso, cachorreñas, espejos de sardinas, migas, sopa malagueña, torta malagueña.

Altitud: 6 m.
Latitud: 36 43'
Longitud: -4 25'
Superficie: 395 Km²
Distancia a la capital nacional: 541 Km.
Población total: 524.414 hab.
Población de varones: 251.675 hab.
Población de mujeres: 272.739 hab.
Porcentaje de población menor de 20 años: 23%
Porcentaje de población mayor de 65 años: 14%
Comunidad: Andalucía
Provincia: Málaga
Comarca: Málaga
Municipio: Málaga
Partido judicial: Málaga
Gentilicio: Malagueños

The history of Malaga comes from the sea, from peoples that came to its coast from the sea. Founded by the Phoenicians in the 8th century BC, who called it Malaka. Today Malaga is a modern city with a well-deserved tourist fame. Well communicated with the main European cities, and a natural bridge to the Maghreb countries, it is the economic capital of Andalusia.

However, it is not only attractive for its location, climate and beaches, it also has many places to visit. Its gardens, building reminiscent of Arabic architecture and the charm of the locals are all attractions of this great city. Its monuments testify to its ancient history, from the Alcazaba (Arab fortress) and its surroundings, where you can find the Provincial Archaeological Museum; the Cathedral from the time of the Catholic Kings; the gothic church of Sagrario and the Sanctuary of the Virgen de la Victoria; to the Casa del Consulado and the house where Picasso was born.

Beaches: Baños del Carmen, Campo de Golf, El Candado, El Chanquete, El Palo, Fábrica de Cemento, Guadalhorce, Guadalmar, Huelin, La Araña, La Caleta, La Malagueta, La Misericordia, Las Acacias, Pedregalejo, Peñón del Cuervo, San Andrés, San Julián.

Fiestas: From May to June is the Fiesta de las Cruces de Mayo, the festivity of the patron saints San Ciríaco and Santa Paula and the Night of San Juan. On July 16th, tribute is rendered to the Virgen del Carmen, with a maritime procession. The Feria de Agosto is held the third week of August. On Feria Saturday there is a pilgrimage to the Sanctuary la Victoria. In September, the Virgen de la Victoria descends from its sanctuary to receive the tribute of the inhabitants of Malaga in the Cathedral. And in December, on the 28th, the Fiesta Mayor of Verdiales, where you can see unique folklore.

Gastronomy: Ensalada malagueña (Malaga salad), pescadito frito (fried fish), ajo coloroso, cachorreñas, espejos de sardinas, migas, sopa malagueña (Malaga soup), torta malagueña (Malaga cake).

Altitude: 6 m.
Latitude: 36. 43'

Longitude: -4 25'
Area: 395 Km²
Distance from the provincial capital: 541 Km.
Total number of inhabitants: 251,675
Male population: 251,675
Female population: 272,739
Percentage of population under 20: 23%
Percentage of population over 65: 14%
Community: Andalusia
Province: Malaga
District: Malaga
Municipal area: Malaga
Jurisdiction of: Malaga
Name of the inhabitants: Malagueños

Entidad - Point of interest	Coord.	Foto	Map.
Col. San Rafael	P6-30	201	256
Col. Santa Luisa Maravillas	P7-32	198	255
Col. Santa María Victoria		218	261
Col. Santa Rosa de Lima	P7-26	218	261
Col. Severo Ochoa	P6-33	197	254
Col. Tartesos	P5-24	224/5	260
Col. Unamuno	P4-35	192	254
Col. Veinticinco Años de Paz	R9-25	107	267
Col. Vicente Aleixandre	P7-32	198	255
Col. Victoria Kent	P5-35	192/3	254
Col. Virgen Inmaculada		192	254
Col. Virgen Rocío	P6-28	209	256
Colonia Santa Inés		103	
Comandancia Militar	P4-28	214	259
Comisaría Policía	P5-29	208/9	256
Conde de Ureña	Q5-25	230	263
Confederación Hidrográfica del Sur	P8-27	219	261
Conservatorio de Música	P6-29	209	256
Consultorio S.José Obrero	P9-26	219	261
Convento de la Trinidad	P6-29	209	256
Convento Sta. Ana del Cister Alcazaba	Q4-27	222	263
Cooperativa Viv. Corazón de María	P5-29	208/9	256
Cruz del Humilladero		210	
Ctro. Comercial Res. Corte Ingles	Q1-28	212	258
Ctro. Comercial Res. Diplo	P4-32	196	254
Ctro. Comercial Res. Eroski	P9-28	211	257
Ctro. de Salud	P5-32	196/7	254
Ctro. de Salud Las Delicias	P4-27	216	260
Ctro. de Salud Los Girasoles	P5-29	208/9	256
Ctro. F.P. Santísima Trinidad	P5-26	216/7	260
Dársena de Guadaira		214	
Dársena de Heredia		213	
Delegación de Consumo y Pesca	Q7-27	104	264
Delegación de Hacienda	Q5-27	223	263
Delegación Ministerio de Hacienda	Q1-28	212	258
Diputación	Q2-28	212/3	258
Dique del Oeste		213	
Dirección Gral. de la Policía	P5-29	209	256
Dos Hermanas	P5-32	196/7	254
El Barquín		82	
El Cañaveral		98	
El Canito		82	
El Consul		97	
El Contador		89	
El Duende		196	
El Ejido		229	
El Rocío		105	
El Romeral		98	
El Tarajal		92	
Empresa Municipal de Transportes	P4-32	196	254
Ensanche Centro		213	
Ensenada de Málaga		207	
Esc. P. San José	P6-27	217	260
Esc. P. Santa María de los Ángeles	P6-28	209	256
Esc. Preescolar Granja Suárez	P5-25	224/5	260
Escuela Oficial de Idiomas	Q1-25	228	262
Escuela Universitaria de Enfermería	P9-25	227	261
Espigón de la Termica		191	
Estación (Málaga Renfe)	P9-29	211	257
Estación de Autobuses	P8-29	211	257
Estación de Autobuses Suburbanos	Q2-28	213	258
Estación de Málaga		211	
Estación de San Juan		81	
Estación F.F.C.C.	P8-29	211	257
Estación Marítima Aduana	Q3-28	213	258
Estadio Juventud	P5-27	216/7	260
Facultad Económicas	Q3-25	229	262
Faro	Q4-29	214	259
Finca Clavero		104	
Florisol		224	
Gamarra		218	
Gerencia de Urbanismo	P7-28	210	257
Girón		197	
Granja Suárez		224	
Grupo los Millones	P6-26	217	260
Grupo Preescolar Altabaca	P6-26	217	260
Guadalmar		83	
Hacienda Cabello		103	
Hospital		98	

Entidad - Point of interest	Coord.	Foto	Map.
Hospital Carlos Haya	P5-26	216/7	260
Hospital Cruz Roja	Q2-24	228	262
Hospital Gral. Carlos Haya	P5-26	216	260
Hospital Materno Infantil	P9-25	227	261
Hospital Noble	Q5-27	222	263
Hospital Psiquiátrico - San Francisco	R5-25	106	266
Hospital San José	P9-24	227	261
Hoya de Málaga		88	
Hoya Nuestra Señora de Guzmán		226	
Iglesia Asunción	P7-29	210	257
Iglesia Ntra. Sra. Ángeles	P7-24	226	261
Iglesia San Gabriel	Q5-28	214/5	259
Iglesia San Patricio	P7-32	198	255
Iglesia San Pedro	Q1-28	212	258
Iglesia Santa Ana y Joaquín	P6-26	217	260
Iglesia Santa María Goretti	P5-29	208	256
Iglesia Santo Ángel	P9-30	203	257
Iglesia Santo Tomas Aquino	Q1-25	228	262
Ins. Bchto. Emilio Prado	P5-35	192/3	254
Ins. Educación Secundaria Ben Gabirol	P7-30	202	257
Ins. F.P. Jesús Marin	P5-28	208/9	256
Ins. F.P. Miguel Romero	P6-30	201	256
Ins. Miraflores Ángeles	P7-24	226	261
Ins. Nacional S.S.	Q2-28	212/3	258
Ins. Pablo Picasso	P6-25	225	260
Ins. Salvador Rueda	P6-27	217	260
Ins. Santa Rosa de Lima	P5-29	209	256
Instituto Nacional de la S. Social	P9-28	211	257
Instituto Oceanográfico	Q4-28	214	259
Jaguillas		222	
Jardín la Abadia		222	
Jardines Carmen	P8-31	202/3	257
Jefatura de Carreteras	P6-24	225	260
Junta de Andalucía y Ministerios	Q4-28	214	259
Jurgado de Familia	P8-28	211	257
Jurgados	Q2-28	212/3	258
La Aduana	Q2-29	212	258
La Alcazaba	Q4-27	222	263
La Aurora		210	
La Bariguilla		208	
La Caleta		99	
La Carocha		223	
La Corta		222	
La Farola		233	
La Goleta		214	
La Habana		220	
La Luz		96	
La Malagueta		222	
La Merced		221	
La Palma		235	
La Palmilla		236	
La Rosaleda		236	
La Torrecilla		48	
La Vega		43	
La Victoria		222	
Las Camelitas		230	
Las Delicias		84	
Las Flores	Q2-24	228/9	262
Las Marismas		83	
Las Palmeras		231	
Las Rocas		227	
Loma de Morales		239	
Los Almendros		101	
Los Antonios		238	
Los Asperones		96	
Los Chochales		82	
Los Morales		102	
Los Naranjos		145	
Los Paseros		82	
Los Prados		94	
Los Tilos		210	
Los Viveros		81	
Magistratura de Trabajo	P8-28	211	257
Mainake		190	
Marismas del Carmen		186	
Mármoles		219	
Martiricos		228	

Entidad - Point of interest	Coord.	Foto	Map.
Merino	Q2-29	212	258
Miraflores de los Ángeles		96	
Monte Sancha		226	
Museo Acuario	Q3-27	221	262
Museo Artes Populares	Q2-27	220	262
Museo de Cofradías	Q2-26	221	262
Museo Provincial	Q3-27	221	262
N-340		144	
Nueva Málaga	P6-26	217	260
Olletas		230	
Palacio Condes de Buenavista	Q3-27	221	262
Palacio de Justicia	Q6-27	223	263
Palacio del Morlaco	R2-26	105	265
Palacio del Oeste	P6-35	193	254
Palacio Episcopal	Q3-27	221	262
Palacio Siglo XVII	Q2-27	220	262
Parque del Oeste	Q4-27	222	263
Parque Málaga	P6-35	193	254
Parque Martín	P5-24	224/5	260
Parque Oeste	P5-34	193	254
Parque Sur		237	
Parroquia	P9-30	203	257
Parroquia Natividad del Señor	P5-34	192	254
Parroquia Ntra. Sra. Buen Aire	P4-34	192	254
Parroquia Sagrada Familia	P4-30	200	256
Parroquia Santa Rosa de Lima	P5-26	216/7	260
Pavero		225	
Pedregalejo	R4-26	106	266
Perchel	P7-31	202	257
Perchel Norte	Q1-27	212	262
Perchel Sur		212	
Pindola		97	
Playa de Huelin		191	
Playa de la Caleta		105	
Playa de la Malagueta		214	
Playa de la Misericordia		186	
Playa Guadalmar		83	
Playa San Andrés		194	
Playa San Juan		83	
Plaza de Toros Malagueta	Q5-27	222	263
Pol. Ind. Aeropuerto		91	
Pol. Ind. Cártamo		85	
Pol. Ind. Ctra. Cártama		97	
Pol. Ind. El Tarajal		98	
Pol. Ind. El Viso		94	
Pol. Ind. Guadalhorce		89	
Pol. Ind. Huerta del Correo		93	
Pol. Ind. Los Guindos		95	
Pol. Ind. Ronda Exterior		192	
Pol. Ind. San Luis	P5-31	200	256
Pol. Ind. Santa Cruz		94	
Pol. Ind. Santa Teresa		92	
Polideportivo El Torcal	P5-33	196/7	254
Polígono Álameda		219	
Polígono Villa Rosa		86	
Portada		216	
Prisión Provincial	P6-29	209	256
Puente Armiñán		228	
Puente de la Aurora		220	
Puente de Tetuán		212	
Puente del Carmen		212	
Puerta Blanca		192	
Puerto de la Torre		101	
Puerto de Málaga		206	
Rectorado	Q3-25	229	262
Registro de la Propiedad	P7-28	210	257
Res. Gamarra II	P6-26	217	260
Río Guadalhorce		188	
Río Guadalmedina	Q1-26	220	262
San Alberto		232	
San Andrés	P6-34	194	254
San Carlos		212	
San Carlos Condote	P6-35	193	254
San José del Viso		93	
San Julián		86	
San Miguel	Q3-24	229	262
Santa Cristina	P4-29	208	256

(continuación índice)

Entidad - Point of interest	Coord.	Foto	Map.
Santa Cruz		84	
Santa Isabel		101	
Santa Paula	P5-34	192	254
Seacaba Beach	P6-37	191	254
Servicio Andaluz de Salud	Q1-29	212	258
Servicios Operativos Municipales	P4-31	200	256
Sixto	P5-34	192	256
Suárez	P7-24	226	261
Sub. Eléctrica		92	
Subdelegación del Gobierno	Q3-27	221	262
Subestación eléc. Los Ramos		102	
Talleres de Renfe		95	
Teatinos		99	
Teatro Municipal Miguel de Cervantes	Q3-26	221	262
Teatro Romano	Q3-27	221	262
Tesorería Gral. Seguridad Social	P7-27	218	261
Tiro de Pichón		95	
Torre del Río		191	
Torre San Telmo	R3-26	105	265
Trinidad	P9-25	227	261
UNED	P4-34	192	254
Universidad de Enfermería	P9-25	227	261
Universidad laboral		103	
Urb. Abolengo	P4-25	224	260
Urb. Atalaya	R2-24	105	265
Urb. Carlinda	P5-24	224	260
Urb. El Atabal		102	
Urb. El Tomillar		101	
Urb. Guadalmar		87	
Urb. Jorobada		80	
Urb. Miraflores Del Palo	R9-27	107	267
Urb. Monte Sancha	Q8-26	104	264
Urb. Olivar		81	
Urb. Parque Mediterráneo	P6-33	197	254
Urb. Parques Clavero	R1-26	105	265
Urb. Paseros		81	
Urb. Rocío	R1-26	105	265
Urb. Rosas	P5-30	200/1	256
Urb. Villa Cristina	R7-26	107	267
Valle Los Galanes	R5-25	106	266

Marbella

Esta ciudad mediterránea, situada a orillas del mar es un lugar ideal para pasar unas vacaciones, dada su belleza y su agradable microclima con temperaturas muy suaves todo el año. Su origen data del año 1600 aC y fue fundada por los romanos con el nombre de Salduba. Más tarde, en el año 711 d.C, los árabes la denominaron Marbil-la y se convirtió en una próspera ciudad.

Se piensa que el casco antiguo de la ciudad está construido sobre las ruinas de la ciudad romana, sin embargo, cuando llegaron los árabes, éstos reconstruyeron la ciudad de acuerdo a sus líneas arquitectónicas. Algunos monumentos de interés que se pueden encontrar en Marbella son la Iglesia de la Encarnación, el Castillo de la Madera, el Fuerte de San Luis, las Torres de Ancon, del Duque, del Río Real, las Ladrones y Lance de Cañas. También son de destacar la Plaza de la Iglesia y la de Los Naranjos (Plaza del Ayuntamiento), y los Museos del Bonsái y del Grabado Español Contemporáneo.

Playas: Artola, Cabo Pino, Cortijo Blanco, Costa Bella, El Alicate, El Ancón, El Cable, El Duque, El Faro, El Pinillo, Fontanilla, Guadalmina, La Bajadilla, La Delfa, La Venus, La Víbora, Las Chapas, Linda Vista, Los Caños, Los Monteros, Nagüeles, Nueva Andalucía, Pinomar, Puerto Banús, Real de Zaragoza, Realejo, Río Real, Río Verde.

Fiestas: Las fiestas patronales es la Feria de San Bernabé que se celebra la primera semana de junio. La Colonia del Ángel se celebra a finales de septiembre. La Fiesta de San Pedro es el 19 de octubre y y del Tostón el 1 de noviembre.

Gastronomía: Ajoblanco, Paella, Pescadito frito.

This Mediterranean coastal city is an ideal place for holidays due to its beauty and pleasant microclimate with mild temperatures all year round. Its origin dates back to 1600 BC when it was founded by the Romans, who called it Salduba. Later; in 711 AD the Arabs called it Marbil-la and it became a prosperous city.

The old quarter is thought to be built over the ruins of the Roman city, however, when the Arabs came, they rebuilt the city according to their own architecture. Some monuments of interest you can find in Marbella are: the church of la Encarnación, the Castle of la Madera, the fort of San Luis, the Ancon, Duque, del Río Real, Ladrones and Lance de Cañas towers. We can also highlight the Church Square and the Orange tree square (Plaza del Ayuntamiento), and the Bonsai museum and the Contemporary Spanish Engraving Museum.

Beaches: Artola, Cabo Pino, Cortijo Blanco, Costa Bella, El Alicate, El Ancón, El Cable, El Duque, El Faro, El Pinillo, Fontanilla, Guadalmina, La Bajadilla, La Delfa, La Venus, La Víbora, Las Chapas, Linda Vista, Los Caños, Los Monteros, Nagüeles, Nueva Andalucía, Pinomar, Puerto Banús, Real de Zaragoza, Realejo, Río Real, Río Verde.

Fiestas: The main feast is the Feria de San Bernabé held the first week of June. The Colonia del Ángel is held at the end of September. The Fiesta de San Pedro is on October 19th and the Tostón on November 1st.

Gastronomy: Ajoblanco, Paella, fried fish.

Altitud: 27 m.
Latitud: 36 30'
Longitud: -4 53'
Superficie: 117 Km²
Distancia a la capital provincial: 58 Km.
Población total: 100.036 hab.
Población de varones: 49.235 hab.
Población de mujeres: 50.801 hab.
Porcentaje de población menor de 20 años: 24%
Porcentaje de población mayor de 65 años: 10%
Comunidad: Andalucía
Provincia: Málaga
Comarca: Costa del Sol Occidental
Municipio: Marbella
Gentilicio: Marbellíes

Altitude: 27 m.
Latitude: 36 30'
Longitude: -4 53'
Area: 117 Km²
Distance from the provincial capital: 58 Km.
Total number of inhabitants: 100,036
Male population: 49,235
Female population: 50,801
Percentage of population under 20: 24%
Percentage of population over 65: 10%
Community: Andalusia
Province: Malaga
District: Costa del Sol Occidental
Municipal area: Marbella
Name of the inhabitants: Marbellíes

Entidad - Point of interest	Coord.	Foto	Map.
Palacio de Justicia	E1-81	146	242
Torre de Ancon		44	
Torre Real		140	
Estructuras de población y servicios			
Agencia Tributaria	E1-82	134	242
Ambulatorio	E2-81	146	242
	E5-81	149	243
Asuntos Sociales	E1-82	134	242
Ayuntamiento	E2-81	146/7	242
Biblioteca	E1-82	134	242
Cementerio Municipal	E4-80	148	243
Col. Cinco de Octubre	E4-80	148	243
Col. García Lorca	E3-81	147	242
Col. Hermanos Gil Muñoz	E2-81	146/7	242
Col. Miguel de Cervantes	E4-80	148	243
Col. Público Antonio Machado	E4-80	148	243
Col. Público Olivos	E1-80	146	242
Col. Público Santa Teresa	E4-82	136	243
Col. Público Vicente Alexandre	E3-80	147	242
Cruz Roja	E2-81	146/7	242
Ctro. Salud Abarizas	E5-82	136/7	243
Guardia Civil	E2-81	146	242
Hogar del Pensionista	E1-82	134	242
Hospital Europa	E5-82	136	243
Ins. Bchto. Río Verde	E1-82	134	242
Ins. Bchto. Sierra Blanca	E2-80	146/7	242
Ins. Bonsai Marbella	E2-81	146/7	242
Juzgados	E1-81	146	242
Registro de la Propiedad	E1-82	134	242
Tanatorio	E4-80	148	243
Turismo	E2-82	134	242
Infraestructura de transportes			
N-340		65	
Puerto Deportivo		134	
Puerto Pesquero		136	
Manzana genérica o edificada			
Ancon	E4-81	44	243
Bda. Divina Pastora	E4-82	148	243
Bº Pescadores		136	243
Colonia de la Paloma		150	
Pol. Ind. Albarizas	E5-82	136/7	243
Pol. Ind. Ermita	E6-82	137	243
Pol. Ind. Icomar	E6-82	137	243
Pol. Ind. la Ermita		138	
Urb. Alhambra del Mar		131	
Urb. Andosol		151	
Urb. Buenavista	E3-80	147	242
Urb. Carolina Park		130	
Urb. Casa Blanca		44	
Urb. El Capricho		143	
Urb. El Higueral		144	
Urb. El Pinillo		143	
Urb. Ermita	E6-81	149	243
Urb. Esperanza	E4-80	148	243
Urb. Finca Mantua		48	
Urb. Guadalpin		131	
Urb. Huerta del Prado		48	
Urb. Huerto del Café	E2-80	146/7	242
Urb. Jardines Marbella	E5-81	148/9	243
Urb. La Cantera		47	
Urb. La Carolina		142	
Urb. La Merced		144	
Urb. La Patera		147	
Urb. La Virginia		143	
Urb. Las Torres		45	
Urb. Los Verdales		45	
Urb. Marbella Club		45	
Urb. Marbella Mar		131	
Urb. Marbella Montaña		142	
Urb. Marcesur		44	
Urb. Palacio El Rocio		44	
Urb. Panorama Real		139	
Urb. Parque Miraflores	E1-81	146	242
Urb. Puente Romano		45	
Urb. Santo Filomeno		130	
Urb. Viña del Martil		44	
Urb. Xorblanca		47	

Entidad - Point of interest	Coord.	Foto	Map.
Arquitectura religiosa			
Ermita Calvario	E1-81	146	242
Ermita Santo Cristo	E2-81	146/7	242
Deportes y espectáculos			
Campo de Golf		153	
Estadio Marbella	E4-81	148	243
Plaza de Toros	E4-80	148	243
Polideportivo Municipal Cubierto	E4-81	148	243
Teatro Municipal	E4-82	136	243
Edificios singulares			
Casas de las Minas		48	
Museo del Bonsai	E2-81	147	242

Marbella

Mijas

Nerja

Nerja es el municipio más oriental de la Costa del Sol, el último de la provincia de Málaga por levante. Se encuentra en las faldas de la Sierra Almijara, en la comarca de La Axarquía. Consta de dos núcleos de población: Nerja que ostenta la capitalidad y Maro, que es una población que se encuentra en el límite ya con la provincia de Granada. En esta zona se encuentra la Cueva de Nerja.

Se desconoce la fecha de la fundación de este pueblo marinero y agricultor, pero se sabe que sus raíces son árabes. Su nombre procede del término Narixa (Manantial abundante).

La gran atracción de esta zona es la Cueva de Nerja, cuyos yacimientos arqueológicos rupestres están considerados como uno de los más importantes del Mediterráneo.

La iglesia de El Salvador, construida sobre la antigua capilla del Castillo de Nerja (Balcón de Europa, antigua fortaleza del siglo IX), la Ermita de Virgen de las Angustias (santuario de la patrona), la iglesia de las Maravillas (Maro) y el puente del Aguila (también conocido como el acueducto de Maro).

Playas: Las Alberquillas, Burriana, Cala del Cañuelo, Cala del Pino, La Caleta, La Caletilla, Carabeillo Chico, El Carabeo, El Chorrillo, El Maro, Molino de Papel, El Playazo, El Salón, La Torrecilla.

Gastronomía: Ajoblanco con uvas, ajocolorao, tortilla de bacalao con miel de caña, ensalada Imaroga, pimentón con pescado y almejas, cazuela de fideos, calabazas, besugo de Burriana, migas al Terraplén, pulpa a la cereza, torta Sanjuanera, bonitos con miel de caña, arropia.

Altitud: 26 m.
Latitud: 36 44'
Longitud: -3 52'
Superficie: 85 Km²
Distancia a la capital provincial: 50 Km.
Población total: 16.795 hab.
Población de varones: 8.261 hab.
Población de mujeres: 8.534 hab.
Porcentaje de población menor de 20 años: 22%
Porcentaje de población mayor de 65 años: 15%
Provincia: Málaga
Comarca: La Axarquía
Comunidad: Andalucía
Municipio: Nerja
Partido judicial: Torrox
Gentilicio: Nerjeños

Fiestas: El 16-17 de enero, en Maro, se festeja San Antón, siendo la feria de su patrón el 7-9 de septiembre, Feria de las Maravillas. El 3 de mayo es el día de las Cruces, El 15 de mayo se celebra San Isidro, el 23 de junio la Noche de San Juan, y en julio se celebra el Festival de la Cueva, en honor a la Cueva de Nerja. En este mismo mes, el 16, se festeja la Fiesta de Pescadores dedicada a la Virgen del Carmen.

Nerja is the westernmost town in the Costa del Sol, the last in the province of Malaga on the east. It is at the feet of the Sierra Almijara, in the district of La Axarquía. It has two urban centres: Nerja, the capital, and Maro, a town on the border of the province of Granada. In this area you can find Nerja Cave.

The date when this fishing and farming village was founded is unknown, but its roots are known to be Arab. The name comes from the term Narixa (Abundant spring).

The great attraction of this area is Nerja Cave, whose prehistoric remains are considered some of the most important in the Mediterranean.

The church of El Salvador, built over the old chapel of the Castle of Nerja (Balcony of Europe, old 9th century fortress), the Sanctuary of Virgen de las Angustias (sanctuary of the patron), the church of las Maravillas (Maro) and Aguila Bridge (also known as the aqueduct of Maro).

Beaches: Las Alberquillas, Burriana, Cala del Cañuelo, Cala del Pino, La Caleta, La Caletilla, Carabeillo Chico, El Carabeo, El Chorrillo, El Maro, Molino de Papel, El Playazo, El Salón, La Torrecilla.

Gastronomy: Ajoblanco with grapes, ajocolorao, tortilla de bacalao con miel de caña (Cod omelette with molasses), Imaroga salad, sea bream from Burriana, migas al Terraplén, pulpa a la cereza, torta Sanjuanera (cake), bonitos con miel de caña (sweet potatoes with molasses), arropia (syrup).

Female population: 8.534
Distance from the provincial capital: 50 Km.
Total number of inhabitants: 16.795
Male population: 8.261
Altitude: 26 m.
Latitude: 36 44'
Longitude: -3 52'
Area: 85 Km²
Percentage of population under 20: 22%
Percentage of population over 65: 15%
Province: Malaga
Community: Andalusia
District: La Axarquia
Municipal area: Nerja
Jurisdiction of: Torrox
Name of the inhabitants: Nerjeños

Fiestas: On January 16-17th, the festivity of San Antón is celebrated in Maro, the patron festivity [Feria de las Maravillas] being on September 7-9th, May 3rd is the day of the Cruces, San Isidro is celebrated on May 15th, on June 23rd the Night of San Juan, and in July the Festival of the Cueva, in honour of Nerja Cave. This same month, on the 16th, is the Fiesta de Pescadores (Feast of Fishermen) dedicated to the Virgen del Carmen.

Entidad - Point of interest	Coord.	Foto	Map.
Cjto. Alcazaba	AE3-20	123	269
Cjto. Antali	AE3-21	123	269
Cjto. Atalaya	AE3-20	123	269
Cjto. Res. Fuentes de Nerja	AE1-23	123	269
Cjto. Res. Las Palmeras	AE2-22	123	269
Urb. Chaparil	AE9-23	122	
Urb. Condal		125	
Urb. Fuente del Badén			
Urb. La Hacienda	AE3-20		269
Urb. Los Pinos	AE3-20		269
Urb. Pueblo Chumbero		126	
Urb. San Francisco		126	

Entornos naturales y zonas verdes

Playa de Calahonda		123	
Playa de Torrecilla		123	
Río Chillar	AE9-22	122	

Otros

Cueva de Nerja		126	
Los Tablazos		124	
Torrecilla		122	

Rincón de la Victoria

Rincón de la Victoria es un municipio situado en la puerta occidental de la Comarca de la Axarquía y su núcleo de población se extiende a lo largo de la costa. Es una ciudad moderna rodeada de vegetación tropical, grandes extensiones de caña de azúcar y playas muy turísticas. Engloba cuatro núcleos de población: Cala de Moral, Rincón de la Victoria, Torre de Benagalbón y Benagalbón. Limita al norte con Moclinejo y Macharaviaya, al noroeste con el arroyo de Totalán, al oeste con Málaga y al este con Vélez-Málaga.

Los primeros moradores de la zona datan de hace 50 mil años, pero el término que da nombre al municipio es muy reciente, del año 1950, vinculado a la orden del monasterio de Mínimos de la Victoria.

Los lugares más interesantes que se deben visitar en esta zona son: la Cueva del Tesoro (conocida como la Cueva del Higuerón o del Suizo), la casa Fuerte Bezmiliana (del siglo XVIII), las torres almenaras de El Cantal y de Benagalbón, las termas romanas que se encuentran en Torre de Benagalbón y la Cala del Moral.

Playas: Cala del Moral, Rincón de la Victoria, Los Rubios, Torre de Benagalbón.

Fiestas: La fiesta por antonomasia es la de la Virgen del Carmen el 16 de julio. Del 3 de febrero se homenajea a la Virgen de la candelaria: Del 29 al 30 de junio se celebra la Feria de La Cala del Moral. En la segunda quincena de julio tiene lugar la Feria de Benagalbón.

Gastronomía: Como en el resto de la zona, predomina el pescaíto frito, destacando el boquerón vitoriano. Espetos de sardinas, ajoblanco, gazpacho, arroz a la marinera, migas, lomo en manteca, chivo o el cabrito son típicos de la localidad.

Altitud: 8 m.
Latitud: 36 43'
Longitud: -4 17'
Superficie: 28 Km²
Distancia a la capital provincial: 12 Km.
Población total: 25.302 hab.
Población de varones: 12.592 hab.
Población de mujeres: 12.710 hab.
Porcentaje de población menor de 20 años: 25%
Porcentaje de población mayor de 65 años: 9%
Comunidad: Andalucía
Provincia: Málaga
Comarca: La Axarquía
Municipio: Rincón de la Victoria
Partido judicial: Málaga
Gentilicio: Rinconeros

Rincón de la Victoria is a municipality located on the west of the district of Axarquía, spread along the coast. It is a modern town surrounded by tropical vegetation, large fields of sugar cane and popular tourist beaches. It comprises four areas: Cala de Moral, Rincón de la Victoria, Torre de Benagalbón and Benagalbón. Bordering on the north with Moclinejo and Macharaviaya, on the northwest with Arroyo de Totalán, on the west with Málaga and on the east with Vélez-Málaga. The area was first inhabited 50 thousand years ago, but the name of the municipality is very recent, from 1950. It was linked to the Order of the Monastery of Mínimos de la Victoria. The most interesting places to visit in this area are: the Cueva del Tesoro or Treasure Cave (also known as Cueva del Higuerón or del Suizo), the Bezmiliana fortified house (18th century), the beacon towers of El Cantal and Benagalbón, the Roman baths in Torre de Benagalbón and the Cala del Moral.

Beaches: Cala del Moral, Rincón de la Victoria, Los Rubios, Torre de Benagalbón.

Fiestas: The most important fiesta is that of the Virgen del Carmen, on July 16th. On February 3rd they render tribute to the Virgen de la candelaria: From June 29th to 30th, the Feria de La Cala del Moral is held. In the second half of July the Feria de Benagalbón takes place.

Gastronomy: Like the rest of the area, with a predominance of fried fish, highlighting the boquerón vitoriano (European anchovy). Espetos de sardinas, ajoblanco, gazpacho, arroz a la marinera (maritime-style rice), migas, lomo en manteca (loin meat in lard), billy goat or kid are typical in this area.

Altitude: 8 m.
Latitude: 36 43'
Longitude: -4 17'
Area: 28 Km²
Distance from the provincial capital: 12 Km.
Total number of inhabitants: 25,302
Male population: 12,592
Female population: 12,710
Percentage of population under 20: 25%
Percentage of population over 65: 9%
Community: Andalucia
Province: Malaga
District: La Axarquia
Municipal area: Rincón de la Victoria
Jurisdiction of: Málaga
Name of the inhabitants: Rinconeros

Entidad - Point of interest	Coord.	Foto	Map.
Manzana genérica o edificada			
Urb. Cala Flores		109	
Urb. D. Miguel		108	
Urb. El Cantal		110	
Urb. Serramar		109	
Entornos naturales y zonas verdes			
La Cala del Moral		108	
Playa de la Cala		109	
Playa de la Victoria		111	
Playa de Pedregalejo		106	
Punta de los Cantales		110	
Otros			
El Palo		107	
El Polvorín		106	
Gran Sol		111	
La Cala		109	
La Era Empedrada		112	
La Loma		113	
La Torre		113	
Las Acacias		106	
Las Cuevas		107	
Los Cabrales		113	
Los Catalanes		113	
Los Jarales		112	
Los Olivos		110	
Miraflores Alto		107	
Montesol		110	
Ópalos		110	
Palmas		113	
Rincón de la Victoria		111	
San Isidro		106	
Valle de Los Galanes		106	
Villa Cristina		107	

San Pedro de Alcántara

Esta localidad se encuentra ubicada en el centro de la Costa del sol, en la Vega del mismo nombre, rodeada de la sierra Blanca (marbella), la sierra Real del Duque, la sierra Palmitera y el monte Mayor. Dispone de accesos desde la capital a través de la N-340, la estación de tren más cercana es la de Ronda y la zona marítima, Puerto Banús, a sólo 2 kilómetros. Es de destacar la Basílica Paleocristiana de Vega del Mar y la zona conocida como Las Bóvedas.

Playas: San Pedro de Alcántara

Altitud: 48 m.
Superficie: 116 Km²
Distancia a la capital provincial: 58 Km.
Población total: 24.000 hab.
Comunidad: Andalucía
Provincia: Málaga
Comarca: Costa del Sol Occidental
Municipio: Marbella
Partido Judicial: Marbella

This town is located in the centre of the Costa del Sol, in the fertile plain of the same name, surrounded by the sierra Blanca (Marbella), the sierra Real del Duque, the sierra Palmitera and mount Mayor. From the capital you can get here on the N-340, the nearest railway station is in Ronda and the closest maritime area, Puerto Banús, is only 2 kilometres away. We can highlight the Paleo-Christian Basilica of Vega del Mar and the area known as Las Bóvedas.

Beaches: San Pedro de Alcántara

Altitude: 48 m.
Area: 116 Km²
Distance from the provincial capital: 58 Km.
Total number of inhabitants: 24,000
Community: Andalusia
Province: Malaga
District: Costa del Sol Occidental
Municipal area: Marbella
Jurisdiction of: Marbella

Entidad - Point of interest	Coord.	Foto	Map.
Entidades singulares			
Club Náutico		41	
Cortijo Blanco		37	
Torre de Baños		34	
Torre de las Bóvedas		36	
Torre del Duque		40	
Infraestructura de transportes			
Ctra. K-173		40	
N-340		43	
Puerto Deportivo José Banús		41	
Manzana genérica o edificada			
Atalaya		34	
Atalaya Río Verde		43	
Barrio de los Catalanes		38	
Duque		41	
Nueva Atalaya		34	
Urb. Aloha Marbella		42	
Urb. Atalaya		34	
Urb. Costalita		32	

(Entrada anterior)

Entidad - Point of interest	Coord.	Foto	Map.
Urb. El Pilar		34	39
Urb. El Rodeo			39
Urb. Guadalmina			35
Urb. Los Dragos			42
Urb. Marqués del Duero			36
Urb. Peñas Blancas			42
Urb. San Javier			42

Entornos naturales y zonas verdes

Entidad	Foto
Cerro del Alcornocal	32
Playa del Saladillo	33
Punta de Baños	35
Río Guadiana	39
Río Verde	41

Otros

Entidad	Foto
Casa Blanca	71
El Ingenio	36
El Rodeo	43
Guadalmina Baja	35
La Gitanilla	36
La Repina	40
La Vega	83
Laja del Duque	40
Las Bóvedas	35
Las Brisas	42
Las Mimosas	61
Nueva Andalucía	39
Obelisco Casa de la Fábrica del Ángel	41
Obelisco Los Ángeles	38
Paraíso Barronal	33
Villamarina	40

Poblaciones

	Coord.	Foto
Saladillo-Benamara	A1-92	20

Torremolinos

Población total: 44.772 hab.
Población de varones: 21.992 hab.
Población de mujeres: 22.780 hab.
Porcentaje de población menor de 20 años: 22%
Porcentaje de población mayor de 65 años: 13%
Comunidad: Andalucía
Provincia: Málaga
Comarca: Costa del Sol Occidental
Municipio: Torremolinos
Partido Judicial: Torremolinos
Gentilicio: Torremolinenses

Ubicada en la Costa del Sol, entre la bahía de Málaga y la sierra de Mijas, Torremolinos goza de un clima templado, de unos 19° C de media durante todo el año. Gracias a estas condiciones climatológicas y al buen estado de sus casi siete kilómetros de costa, los residentes en esta localidad pueden disfrutar de sus playas todo el año.

El agua de sus manantiales es uno de los elementos sobre el que ha girado su historia. Según algunos estudios, se piensa que los primeros pobladores de Torremolinos aparecieron hace unos 150.000 años. Sin embargo, su gran desarrollo data del pasado siglo. En la década de los 20, Torremolinos era una localidad de agricultores, marineros y harineros que no tres mil habitantes. A finales de la década de los 50, comenzó su despegue económico y urbano, llegando a nuestros días en que se muestra como un gran municipio turístico a nivel internacional.

Entre los monumentos más destacados de la zona se encuentran la parroquia de San Miguel Arcángel y de Nuestra Señora del Carmen, la torre de Pimentel, la casa de los Navaja y el molino de Inca.

Fiestas: La Feria de San Juan de Monterma se celebra en junio. En La Cariñuela se rinde homenaje a su patrona, la Virgen del Carmen, el 16 de julio. Las fiestas patronales son en septiembre, que celebran la Romería y Feria de San Miguel.

Gastronomía: Ensalada de pimientos asados, espetos de sardinas, gazpacho, pescado a la sal, pescaíto frito, tortas de Torremolinos.

Altitud: 49 m.
Latitud: 36 37'.
Longitud: -4 29'
Superficie: 20 Km²
Distancia a la capital provincial: 13 Km.

Playas: Los Álamos, El Bajondillo, El Cañuelo, La Cariñuela, Playamar, El Retiro.

Located in the Costa del Sol, between the bay of Málaga and the sierra of Mijas, Torremolinos has a temperate climate, around 19° C average throughout the year. Thanks to this and to the good conditions of its almost seven kilometres of coastline, the residents of this town can enjoy its beaches all year round.

The water from its springs is one of the elements that have determined the history of the town. According to some studies, it is thought that the first settlers in Torremolinos appeared around 150,000 years ago. However, its great expansion took place in the 20th century. In the 1920s, Torremolinos was a town of farmers, fishermen and flour makers with around three thousand inhabitants. At the end of the 1950s it began to expand economically and in size, until today, when it has become an important international tourist town.

Among its most important monuments we can highlight the parish church of San Miguel Arcángel and that of Nuestra Señora del Carmen, the tower of Pimentel, the house of the Navaja and the Inca mill.

Beaches: Los Álamos, El Bajondillo, El Cañuelo, La Cariñuela, Playamar, El Retiro.

Fiestas: The Feria de San Juan de Monterma is held in June. In Cariñuela tribute is rendered to the patron, the Virgin del Carmen, on July 16th. The town fiestas are in September, with the pilgrimage and the Feria de San Miguel.

Gastronomy: Roast pepper salad, espetos de sardines, gazpacho, pescado a la sal (fish baked in salt), fried fish, tortas de Torremolinos (Torremolinos cake).

Entidad - Point of interest | Coord. | Foto | Map.

Name of the inhabitants: Torremolinenses
Jurisdiction of: Torremolinos
Municipal area: Torremolinos
District: Costa del Sol Occidental
Province: Málaga
Community: Andalusia
Percentage of population over 65: 13%
Percentage of population under 20: 22%
Female population: 22,780
Male population: 21,992
Total number of inhabitants: 44,772
Distance from the provincial capital: 13 Km.
Area: 20 Km²
Longitude: -4 29'
Latitude: 36 37'.
Altitude: 49 m.

Arquitectura religiosa

Entidad	Coord.	Foto	Map.
Ermita Ntra. Sra. de la Paz	N9-56	180	251
Iglesia			
Iglesia Cristo Resucitado	N9-53	76	252
Iglesia Madre del Buen Consejo	O2-53	76	253
Iglesia Nuestra Señora del Carmen	O1-56	181	251
Iglesia San Miguel	N9-53	76	252
Iglesia San Miguel Arcángel	O2-53	76	253
Iglesia San Miguel Arcángel	O2-53	76	253
Sinagoga	O2-54	185	251

Complejos comerciales y de ocio

Entidad	Coord.	Foto	Map.
Hipermercado Supersol	O1-52	76	252
Mercado Municipal	N9-53	76	252
Supermercado Lidl	N7-58		249

Manzana genérica o edificada

Entidad	Coord.	Foto	Map.
Aptos. Aloha	O1-56	180/1	251
Aptos. Bajondillo	O3-53	77	253
Aptos. Balcón II	N8-57	179	250
Aptos. Bastión	N9-55	184	251
Aptos. Cirihuela Palas	O1-56	180/1	251
Aptos. El Lido	O4-52	77	253
Aptos. El Tomillar	O2-50	76	252
Aptos. Imperial	O1-52	76	252
Aptos. La Bahía del Sol	O1-52	76	252
Aptos. La Baranda	N9-56	180	251
Aptos. La Cascada	N9-55	184	251
Aptos. La Nogalera	O2-53	76	253
Aptos. La Veleta	O1-53	76	253
Aptos. Las Cumbres	N8-58	176/7	249
Aptos. Las Torres	N9-55	184	251

Infraestructura de transportes

Entidad	Coord.	Foto	Map.
Apeadero Campo de Golf			79
Apeadero de El Pinillo	N7-56	179	250
Apeadero de Montemar Alto	N9-55	184	251
Estación de Autobuses	O2-52	76	253
Estación FFCC El Pinillo	N7-56	178/9	250
Estación Renfe de Torremolinos	O2-53	76	253
FFCC Fuengirola-Málaga	N8-56	179	250
Puerto Blanco			185
Puerto Deportivo			172
Puerto Marina			173

Estructuras de población y servicios

Entidad	Coord.	Foto	Map.
Administración Hacienda	O2-52	76	253
Ambulatorio	N8-58	177	249
Ambulatorio Municipal	O1-53	76	252
Ayuntamiento	N9-53	76	252
Biblioteca	O2-52	76	253
Bomberos	N9-53		252
Campamento Benítez			79
Camping Los Álamos			79
Castillo San Carlos	O2-55	185	251
Cementerio	O2-54	185	251
Cementerio San Miguel	O2-54	185	251
Centro Cultural Islámico	O2-52	76	253
Centro del Rincón	O1-55	184/5	251
Col. del Rincón	O2-51	76	253
Col. Huérfanos Ferroviarios	O2-51	76	253
Col. La Paz	N9-53	76	252
Col. Medalla Milagrosa	O2-54	185	251
Col. Miramar	O2-54	185	251
Col. Palma de Mallorca	O2-54	76	253
Col. Público Albaida	N8-54	183	250
Col. Público Benyamina	O3-50	77	253
Col. San Miguel	O1-53	76	252
Colegio	N9-53	76	252
Comisaría de Policía	O2-54	185	251
Consejería Asuntos Sociales	N9-54	184	251
Correos	O2-54	185	251
Ctro. Salud	N9-54	184	251
Cuartel Guardia Civil	N9-53	76	252
Esc. Sunny View	N6-55	170/1	248
Ins. Bchto.	N9-54	184	251
Ins. Nacional Enseñanza Media	N8-54	183	250
Junta de Andalucía	O2-54	185	251
Juzgados	O1-53	76	252
Oficina de Turismo	N9-53	76	252
Palacio de Exp. y Congresos	O4-52	77	253
Policía Local	O1-50	76	252
Policía Nacional	O2-54	185	251
Protección Civil	O2-54	185	251
Recinto Ferial			183

Entidad - Point of interest | Coord. | Foto | Map.

Deportes y espectáculos

Entidad	Coord.	Foto	Map.
Plaza de Toros	N9-53	76	252
Polideportivo	N8-54	183	250

Edificios singulares

Entidad	Coord.	Foto	Map.
Casa de La Cizaña			79
Castillo de Santa Lucía	O2-54	185	251
Castillo Santa Clara			185
Torre Bermeja			173
Torre Pimentel	O2-53	76	253

Torrox

Comunidad: Andalucía
Provincia: Málaga
Comarca: La Axarquía
Municipio: Torrox
Partido judicial: Torrox
Gentilicio: Torroxeños

El término municipal de Torrox se encuentra al pie de las sierras de Almijara y Tejeda. Esta zona es ideal para disfrutar del sol y del mar a lo largo de sus nueve kilómetros de playa. Este municipio engloba otras dos poblaciones: Torrox-Costa y El Morche.

Las primeras huellas histórica se remontan a los romanos (siglos I y IV), aunque su denominación procede del árabe Turrus (Torre).

El centro urbano de Torrox es un si mismo un monumento digno de visitar, con sus estrechas calles, sus edificios que conservan parte de la arquitectura árabe y los restos de torreones y murallas Entre los monumentos más representativos de la zona están la iglesia de Nuestra Señora de la Encarnación, la ermita de Nuestra Señora de las Nieves y los restos romanos de la zona costera del faro.

Playas: Calaceite, El Cenicero, Ferrara, Las Lindes, El Morche, Mazagarrobo, Wilches.

Fiestas: El municipio de Torrox tiene un amplio calendario de fiestas repartidas en los doce meses del año. El último domingo antes de Navidad se celebra la Fiesta de las Migas, de gran interés turístico. En la primavera, las fiestas comienzan con la Semana Santa, tras la que se organizan las Cruces de Mayo. El 13 de junio la verbena de San Antonio tiene especial relevancia en la barriada de Nuestra Señora de las Nieves. La festividad de la Virgen de las Nieves y San Roque se celebra el día 5 de agosto. Candelaria se conmemora en septiembre y entre el 4 y el 8 de octubre celebra sus fiestas mayores.

Gastronomía: Migas (acompañadas de sardinas, bacalao, almejas y aceitunas), gachas, ensaladilla arriera, papas a lo pobre.

Altitud: 120 m.
Latitud: 36 45'
Longitud: -3 57'
Superficie: 50 Km²
Distancia a la capital provincial: 46 Km.
Población total: 11.426 hab.
Población de varones: 5.636 hab.
Población de mujeres: 5.790 hab.
Porcentaje de población menor de 20 años: 19%
Porcentaje de población mayor de 65 años: 23%

The municipal district of Torrox is at the feet of the sierras of Almijara and Tejeda. This is an ideal area to enjoy sun and sea along its nine-kilometre beach. The district includes another two towns: Torrox-Costa and El Morche.

Its first historical remains date from Roman times (I and IV centuries), although its name comes form the Arab Turrus (Tower).

The urban centre of Torrox is a monument worth visiting in itself, with its narrow streets, its buildings that preserve traces of Arab architecture and the remains of towers and walls. Among the most representative monuments in the area is the church of Nuestra Señora de la Encarnación, the shrine of Nuestra Señora de las Nieves and the Roman remains in the coastal area around the lighthouse.

Beaches: Calaceite, El Cenicero, Ferrara, Las Lindes, El Morche, Mazagarrobo, Wilches.

Fiestas: The municipal district of Torrox has a wide range of festivities throughout the whole year. The last Sunday before Christmas is the Fiesta de las Migas, of great tourist interest. In spring, the fiestas begin with Holy Week, after which are the Cruces de Mayo. On June 13th the festivity of San Antonio is especially important in the quarter of Nuestra Señora de las Nieves. The festivity of the Virgen de las Nieves and San Roque is held on August 5th. Candelaria is celebrated in September from October 4th to 8th is the Fiestas Mayor or big festivity.

Gastronomy: Migas (accompanied by sardines, cod, clams and olives), gachas, ensaladilla arriera, papas a lo pobre.

Altitude: 120 m.
Latitude: 36 45'
Longitude: -3 57'
Area: 50 Km²
Distance from the provincial capital: 46 Km.
Total number of inhabitants: 11,426
Male population: 5,636
Female population: 5,790
Percentage of population under 20: 19%
Percentage of population over 65: 23%
Community: Andalusia
Province: Malaga
District: La Axarquía
Municipal area: Torrox
Jurisdiction of: Torrox
Name of the inhabitants: Torroxeños

Entidad - Point of interest	Coord.	Foto	Map.
Aptos. Los Cabales	O3-51	77	253
Aptos. Mallorca	O2-54	185	251
Aptos. Mar y Gloria	O1-54 184/5		251
Aptos. Mar y Paz	O4-51	77	253
Aptos. Miratorre	O1-52	76	252
Aptos. Nuevo Cristal	O1-56 180/1		251
Aptos. Palacio Del Sol	O1-52	76	252
Aptos. Pinar de Montemar	N8-57	179	250
Aptos. Pino Real	N9-55	184	251
Aptos. Vista Marina	N8-59 176/7		249
Bº Calvario	N9-53	76	252
Bº San Miguel	N9-52	76	252
Cjto. Aldama	O1-54 184/5		251
Cjto. Atria	N9-57	180	251
Cjto. Cariuela	N8-58 176/7		249
Cjto. Dimona	O1-55 184/5		251
Cjto. El Castillo Olvidado	O1-54 184/5		251
Cjto. Euromar	N8-58 176/7		249
Cjto. La Jabega	N7-58	176	249
Cjto. Los Manantiales	O1-52	76	252
Cjto. Palma de Mallorca	O2-54	185	251
Cjto. Res. Dalí	N9-58	177	
Cjto. Res. Doña Carlota	N9-57	180	251
Cjto. Res. El Roquedal	O1-54 184/5		251
Cjto. Res. Las Anémonas	O2-55	185	251
Cjto. Res. Las Golondrinas	O2-55	185	251
Cjto. Res. Los Corales	O2-55	185	251
Cjto. Res. Los Eucaliptos II	O3-50	77	253
Cjto. Res. Los Manglares	O2-55	185	251
Cjto. Res. Montemar Puerto	N9-58	177	
Cjto. Res. Pez Espada	N9-57	180	251
Cjto. Res. Torrepinos	O2-54	185	251
Cjto. Salamanca	O2-52	76	253
Cjto. Saltimar	N7-59	176	249
Cjto. San Enrique	O1-53	76	252
Cjto. Velesa de Montemar	N8-57	179	250
Cjto. Villa Blanca	N8-57	179	250
Parque Empresarial El Pinillo	N7-56	178	250
Res. Barbarela	O2-52	76	253
Res. Benyamar	O3-51	77	253
Res. Campomanes	N7-58	176	249
Res. La Sirena	N9-56	180	251
Res. Oca Blanca	N9-57	180	251
Res. Yucay	N9-55	184	251
Urb. Barbarela	O2-51	76	253
Urb. Benvamina		77	
Urb. Benyamina	N8-57	179	250
Urb. Cantarrana	O3-50	77	253
Urb. Cerro El Toril	N6-58	175	249
Urb. Cortijo de Mesa	N7-55 182/3		250
Urb. Coto de Rosas		78	
Urb. El Castillo	N6-57	178	250
Urb. El Mirador II	N6-58	175	249
Urb. El Olivar	O1-54 184/5		251
Urb. El Paraiso	N6-58	175	249
Urb. El Paraiso		183	
Urb. El Pinar	N7-55 182/3		250
Urb. El Pinillo		78	
Urb. El Pozuelo	N6-56	178	250
Urb. El Saltillo	N9-54	184	251
Urb. Eurosol	N7-58	176	249
Urb. La Colina	N9-57	180	251
Urb. La Roca		78	
Urb. Las Estrellas	O2-54	185	251
Urb. Las Velas	O2-51	76	253
Urb. Los Álamos		78	
Urb. Los Eucaliptos		79	
Urb. Los Eucaliptos II	O3-51	77	253
Urb. Los Tres Caballeros	O3-50	77	253
Urb. Montealto	O4-50	77	253
Urb. Montemar Alto	N8-56	179	250
Urb. Parque Torremolinos	N8-55	183	250
Urb. Plazamar	N9-55	184	251
Urb. Princesa	O4-51	77	253
Urb. San Fernando	N6-55	175	249
Urb. Santa Clara	O1-53	76	252
Urb. Santa Fe	O2-54	185	251
Urb. Tres Caballos	N7-58	176	249
Urb. Villamarta	N8-57	179	250
Urb. Villavista	N8-56	179	250

Entidad - Point of interest	Coord.	Foto	Map.
Entornos naturales y zonas verdes			
Arroyo La Cueva de la Higuera	N8-54	183	250
Cerro del Toril		182	
Parque	O2-53	76	253
Parque de la Batería	N9-56	180	251
Parque La Carihuela	O1-55 184/5		251
Playa de la Carihuela		181	
Playa de los Álamos		79	
Playa del Lido		77	
Playa Fuente Salud		177	
Playa Torrebermeja		172	
Punta de Peralejo		171	
Punta de Torremolinos		185	
Punta del Saltillo		173	
Otros			
El Calvario		184	
El Parque		170	
El Pinar		78	
La Batería		184	
La Carihuela		180	
La Cizaña		79	
Las Estrellas		76	
Llano de las Canteras		182	
Loma de los Riscos		184	
Los Nidos		180	
Montemar		180	
Playamar		77	
Puertosol		170	
San Miguel		76	
Sanatorio Marítimo		79	

Entidad - Point of interest	Coord.	Foto	Map.
Entidades singulares			
Faro de Torrox		121	
Playa de Las Lindes		120	
Playa del Peñoncillo		121	
Punta de Torrox		121	
Torre de Torrox		121	
Poblaciones			
Torrox-Costa	AB7-24		120

Vélez-Málaga

Vélez-Málaga es la capital de la Axarquía y, por tanto, la ciudad más importante de esta comarca. Se sitúa en la Costa Sol oriental y su población se distribuye en 11 núcleos urbanos (más la propia Vélez-Málaga), la mayor parte en la costa: Torre del Mar, Caleta de Vélez, Mezquitilla, Lagos, Almayate, Valle-Niza, Benajarafe y Chilches; y el resto en el interior: Triana, Trapiche y Cajiz.

Su historia se remonta a la prehistoria, como lo demuestran los yacimientos descubiertos. Sin embargo, su entidad la adquiere en la época árabe.

La prueba de su larga trayectoria histórica se puede observar en los legados que pueden admirar los visitantes que pasen por la zona.

Además de los restos arqueológicos como la Fortaleza árabe, la Alcazaba árabe o las Murallas, encontramos numerosas iglesias como la de Santa María la Mayor, de la Encarnación, de San Juan Bautista; el convento de San Francisco; de las Carmelitas, las Claras, San José de la Soledad; la ermita de los Remedios; el hospital de San Juan de Dios; el palacio del Beniel; la casa de Cervantes; la Cruz del Arrabal; la Cruz del Cordero; el teatro del Carmen, la Fuente de Fernando VI.

Playas: Las Arenas, Almayate, Bajamar, Benajarafe, La Caleta, Chilches, Lagos, Pijil, Torre del Mar, Valle Niza.

Fiestas: La romería de la Virgen de los Remedios, patrona de Vélez-Málaga tiene lugar el primer fin de semana del mes de mayo. Sin embargo, las fiestas patronales se celebran en el mes de noviembre. Entre el 1 y el 3 de este mismo mes se celebra el día de la Cruz. De mayo a septiembre tienen lugar las romerías dedicadas a los patronos de los diferentes pueblos de este municipio. Del 23 al 26 de julio se celebran las fiestas patronales de Torre del Mar en honor de Santiago y Santa Ana. Como en el resto de la comarca, el 16 de julio se homenajea a la Virgen del Carmen. La Real Feria de San Miguel se organiza para la última semana de septiembre.

Gastronomía: Ajoblanco, ajobacalao, gazpacho, Maimones, ropa vieja. Pescaíto frito.

Altitud: 60 m.
Latitud: 36 47'
Longitud: -4 06'
Superficie: 157 Km²
Distancia a la capital provincial: 35 Km.
Población total: 57,142 hab.
Población de varones: 28,271 hab.
Población de mujeres: 28,871 hab.
Porcentaje de población menor de 20 años: 25%
Porcentaje de población mayor de 65 años: 13%
Comunidad: Andalucía
Provincia: Málaga
Comarca: La Axarquía
Municipio: Vélez-Málaga
Partido Judicial: Vélez-Málaga
Gentilicio: Veleños

Vélez-Málaga is the capital of Axarquía district and is thus the most important city in this area. Located on the eastern Costa Sol, its population is distributed in 11 towns (plus Vélez-Málaga itself), mostly on the coast: Torre del Mar, Caleta de Vélez, Mezquitilla, Lagos, Almayate, Valle-Niza, Benajarafe and Chilches; and the rest inland: Triana, Trapiche and Cajiz.

Its history goes back to prehistoric times, as can be seen in the archaeological sites discovered. Nevertheless, its character was forged in the Arab era. Proof of its long history can be seen in the remains that visitors to the area can contemplate. As well as archaeological remains such as the Arab Fortress of the Walls, there are numerous churches such as Santa María la Mayor, la Encarnación, San Juan Bautista; the convent of San Francisco; las Carmelitas, las Claras, San José de la Soledad; the shrine of los Remedios; the hospital de San Juan de Dios; the palace of Beniel; Cervantes' House; la Cruz del Arrabal; la Cruz del Cordero; the theatre del Carmen, the Fountain of Fernando VI.

Beaches: Las Arenas, Almayate, Bajamar, Benajarafe, La Caleta, Chilches, Lagos, Pijil, Torre del Mar, Valle Niza.

Fiestas: The pilgrimage of la Virgen de los Remedios, patron of Vélez-Málaga takes place the first weekend of May. However, the patron festivities are held in November. From November 1st to 3rd, the Día de la Cruz or Day of the Cross is celebrated. From May to September are the pilgrimages dedicated to the patrons of the different villages in this municipal district.

From July 23rd to 26th the patron fiestas of Torre del Mar are held in honour of Santiago and Santa Ana. As in the rest of the district, el On July 16th, tribute is rendered to the Virgen del Carmen. The Real Feria de San Miguel is organised for the last week of September.

Gastronomy: Ajoblanco, ajobacalao, gazpacho, Maimones (a traditional soup), ropa vieja (meat stew). Pescaíto frito (fried fish).

Altitude: 60 m.
Latitude: 36 47'
Longitude: -4 06'
Area: 157 Km²
Distance from the provincial capital: 35 Km.
Total number of inhabitants: 57,142
Male population: 28,271
Female population: 28,871
Percentage of population under 20: 25%
Percentage of population over 65: 13%
Community: Andalusia
Province: Malaga
Municipal area: Vélez-Málaga
District: La Axarquía
Jurisdiction of: Vélez-Málaga
Name of the inhabitants: Veleños

Entidad - Point of interest	Coord.	Foto.	Map.
Arquitectura religiosa			
Convento Franciscano	Y4-12	118	268
Ermita Ntra. Sra. Los Remedios	Y5-11	118	268
Iglesia las Carmelitas	Y4-12	118	268
Iglesia San Antonio	Y4-13	118	268
Iglesia San Francisco	Y4-12	118	268
Iglesia San Juan Bautista	Y4-11	118	268
Iglesia Santa Clara	Y4-11	118	268
Iglesia Sta. María	Y4-11	118	268
Monasterio Carmelitas	Y4-10	118	268
Monasterio Ntra. Sra. de Gracia	Y3-11	118	268
Entidades singulares			
Casa Cervantes	Y4-12	118	268
Casa Noble Siglo XVIII	Y4-12	118	268
Estadio de Fútbol Vivar Téllez	Y3-11	118	268
Faro de Torre de Mar		115	
Mercado Municipal	Y4-12	118	268
Nave Museo Cofradía	Y3-10	118	268
Palacio Marques de Beniel	Y5-11	118	268
Ruinas Fenicias		114	
Teatro del Carmen	Y4-11	118	268
Estructuras de población y servicios			
Ayuntamiento Casa Noble Siglo XVIII	Y4-12	118	268
Col. Andalucía	Y4-13	118	268
Col. La Gloria	Y6-11	119	
Esc. Nacional Eloy Tellez	Y4-11	118	268
Estación de Autobuses	Y5-13	118	268
Hospital San Juan de Dios	Y4-10	118	268
Parque Bomberos	Y6-13	119	269
Manzana genérica o edificada			
Bº Del Pilar	Y4-10	118	268
Cjto. Rubeltor	Y3-12	118	268
Urb. El Romeral	Y6-12	119	
Urb. Huerta Lisboa	Y4-13	118	268
Urb. Molino de Velasco	Y4-13	118	268
Entornos naturales y zonas verdes			
Ensenada de Vélez-Málaga		116	
La Fortaleza	Y5-11	118	268
Parque Público Jurado Lorca	Y4-13	118	268
Playa Río Seco		115	
Río Vélez		114	
Otros			
Caleta		117	
Caleta del Sol		117	
El Mirador		118	
El Tomillar		116	
Los Toscanos		114	
Poblaciones			
Torre de Mar	Y2-22	28	268

Índice por coordenadas

Coord.	Entidad	Población
A1-92	Saladillo-Benamara	S.P. de Alcantara
AB7-24	Torrox-Costa	Torrox
AD9-20	Nerja	Nerja
AE1-16	Nerja	Nerja
AE1-21	Eco Ahorro	Nerja
AE1-22	Clínica	Nerja
AE1-22	Complejo Andalucía	Nerja
AE1-22	Consulta Medica	Nerja
AE1-23	Aptos. Torrecillas	Nerja
AE1-23	Cjto. Res. Fuentes de Nerja	Nerja
AE2-20	Cementerio	Nerja
AE2-20	Estación de Autobuses	Nerja
AE2-20	Policía Municipal	Nerja
AE2-21	Col. Público San Miguel	Nerja
AE2-21	Cuartel Guardia Civil	Nerja
AE2-22	Aptos. Acapulco	Nerja
AE2-22	Aptos. El Mirador	Nerja
AE2-22	Ayuntamiento	Nerja
AE2-22	Centro Cultural	Nerja
AE2-22	Cjto. Res. Las Palmeras	Nerja
AE2-22	Colegio	Nerja
AE2-22	Correos	Nerja
AE2-22	Iglesia de El Salvador	Nerja
AE2-22	Oficina del Ayuntamiento	Nerja
AE3-20	Cjto. Alcazaba	Nerja
AE3-20	Cjto. Atalaya	Nerja
AE3-20	Col. Público Marixa	Nerja
AE3-20	Colegio	Nerja
AE3-20	Iglesia S.Miguel	Nerja
AE3-20	Iglesia San Miguel	Nerja
AE3-20	Supermercado Iranzo	Nerja
AE3-20	Urb. La Hacienda	Nerja
AE3-20	Urb. Los Pinos	Nerja
AE3-21	Cjto. Antali	Nerja
AE9-22	Ins. de F.P.	Nerja
AE9-22	Ins. el Chaparral	Nerja
AE9-22	Río Chillar	Nerja
AE9-23	Aptos. Perla Marina	Nerja
AE9-23	Urb. Chaparil	Nerja
C4-76	Marbella	Marbella
E1-80	Col. Público Olivos	Marbella
E1-81	Ermita Calvario	Marbella
E1-81	Juzgados	Marbella
E1-81	Palacio de Justicia	Marbella
E1-81	Urb. Parque Miraflores	Marbella
E1-82	Agencia Tributaria	Marbella
E1-82	Asuntos Sociales	Marbella
E1-82	Biblioteca	Marbella
E1-82	Hogar del Pensionista	Marbella
E1-82	Ins. Bchto. Río Verde	Marbella
E1-82	Registro de la Propiedad	Marbella
E2-80	Ins. Bchto. Sierra Blanca	Marbella
E2-80	Urb. Huerto del Café	Marbella
E2-81	Ambulatorio	Marbella
E2-81	Ayuntamiento	Marbella
E2-81	Col. Hermanos Gil Muñoz	Marbella
E2-81	Cruz Roja	Marbella
E2-81	Ermita Santo Cristo	Marbella
E2-81	Guardia Civil	Marbella
E2-81	Ins. Bonsai Marbella	Marbella
E2-81	Museo del Bonsai	Marbella
E2-81	Parque Arroyo de la Represa	Marbella
E2-82	Turismo	Marbella
E3-80	Col. Público V. Alexandre	Marbella
E3-80	Urb. Buenavista	Marbella
E3-81	Col. García Lorca	Marbella
E4-80	Cementerio Municipal	Marbella
E4-80	Col. Cinco de Octubre	Marbella
E4-80	Col. Miguel de Cervantes	Marbella
E4-80	Col. Púb. Antonio Machado	Marbella
E4-80	Jardines Marbella	Marbella
E4-80	Plaza de Toros	Marbella
E4-80	Tanatorio	Marbella
E4-80	Urb. Esperanza	Marbella
E4-81	Bda. Divina Pastora	Marbella
E4-81	Estadio Marbella	Marbella
E4-81	Poli. Municipal Cubierto	Marbella
E4-82	Bº Pescadores	Marbella
E4-82	Col. Público Santa Teresa	Marbella
E4-82	Teatro Municipal	Marbella
E5-81	Ambulatorio	Marbella
E5-81	Urb. Jardines Marbella	Marbella
E5-82	Ctro. Salud Abarizas	Marbella
E5-82	Hospital Europa	Marbella
E5-82	Pol. Ind. Albarizas	Marbella
E6-81	Urb. Ermita	Marbella
E6-82	Pol. Ind. Ermita	Marbella

Coord.	Entidad	Población
E6-82	Pol. Ind. Icomar	Marbella
I1-86	Calahonda	Calahonda
I1-86	Sitio de Calahonda	Calahonda
K5-74	Fuengirola - Mijas	Fuengirola
K5-74	Ins. Bchto. Mijas	Mijas
K5-74	Res. Jardines de Mijas	Mijas
K5-74	Urb. Pueblo Doña Elena	Mijas
K5-75	Ayuntamiento Mijas	Mijas
K5-75	Col. El Albero	Mijas
K5-75	Mijas	Mijas
K6-70	Cjto. Res. Cotosol	Mijas
K6-71	Col. San Fco. de Asís	Mijas
K6-71	Colegio	Mijas
K6-73	Capilla Virgen La Pena	Mijas
K6-74	Casa de la Cultura	Mijas
K6-74	Col. Virgen de la Peña	Mijas
K6-74	Consultorio Medico	Mijas
K6-74	Guardería	Mijas
K6-74	Iglesia San Miguel	Mijas
K6-74	Tenencia de Alcaldía	Mijas
K6-76	Ctro. Com. Res. Parque Mijas	Mijas
K6-76	Las Lagunas	Mijas
K7-70	Complejo Arroyo Real	Mijas
K7-70	Res. Largasol	Mijas
K7-70	Urb. Bellavista	Mijas
K7-70	Urb. Las Lomas Del Coto	Mijas
K7-71	Cjto. Sierra Vista	Mijas
K7-71	Res. El Halcón	Mijas
K7-71	Res. Los Cocoteros	Mijas
K7-71	Urb. La Noria	Mijas
K7-72	Col. Público Las Cañadas	Mijas
K7-72	Polideportivo Las Cañadas	Mijas
K7-73	Col. Andalucía	Fuengirola
K7-73	Col. Miguel Cervantes	Fuengirola
K7-73	Parque	Fuengirola
K7-73	Bomberos	Mijas
K7-73	Protección Civil	Mijas
K7-74	Juzgados	Fuengirola
K7-74	Palacio Justicia	Fuengirola
K7-74	Ctro. de Salud V. de la Peña	Mijas
K7-74	Ctro. Salud Virgen de la Peña	Mijas
K7-74	Exmo. Ayuntamiento Mijas	Mijas
K7-75	Seguridad Social	Fuengirola
K7-75	Col. Público V. de la Peña	Mijas
K7-75	Colegio	Mijas
K7-75	Universidad Popular	Mijas
K7-76	Cementerio Municipal	Fuengirola
K7-76	Pista Deportiva	Fuengirola
K7-76	Cjto. Parque Mijas	Mijas
K7-76	Esc. El Rocío	Mijas
K7-76	Ins. Bchto.	Mijas
K7-77	Ambulatorio S.Social	Fuengirola
K7-77	Aptos. Veramar I	Fuengirola
K7-77	Ins. Nacional de S.S.	Fuengirola
K7-77	Ministerio Trabajo y S.S.	Fuengirola
K8-70	Ctro. Nórdico	Mijas
K8-71	Ctro. Salud las Mariposas	Mijas
K8-71	Urb. Monte Bello	Mijas
K8-72	Dep. Municipal de Vehículos	Fuengirola
K8-72	Ministerio de Obras Públicas	Fuengirola
K8-72	Pabellón Cubierto J. Gómez	Fuengirola
K8-72	Palacio Cultural	Fuengirola
K8-72	Palacio Deportes	Fuengirola
K8-72	Piscina cubierta Municipal	Fuengirola
K8-73	Campo Mun. Deportes Eloa	Fuengirola
K8-73	Col. Público Azahar	Fuengirola
K8-73	Cuartel Guardia Civil	Fuengirola
K8-74	Col. Público Pablo Picasso	Fuengirola
K8-74	Iglesia San José	Fuengirola
K8-75	Aptos. Las Yucas	Fuengirola
K8-75	Ayuntamiento	Fuengirola
K8-75	Casa de la Cultura	Fuengirola
K8-75	Parque del Sol	Fuengirola
K8-75	Policía Municipal	Fuengirola
K8-76	Col. María Auxiliador	Fuengirola
K8-76	Col. Sohail	Fuengirola
K8-76	Ctro. Toxicomanía	Fuengirola
K8-76	Iglesia Ntra. Sra. del Carmen	Fuengirola
K8-76	M. Artes y Costumbres Pop.	Fuengirola
K8-76	Parque de España	Fuengirola
K8-76	Policía Local	Fuengirola
K8-76	Policía Nacional	Fuengirola
K8-77	Aptos. Embajador	Fuengirola
K8-77	Aptos. Javisol	Fuengirola
K8-77	Inst. Formación Profesional	Fuengirola
K8-77	Parque	Fuengirola
K8-77	Protección Civil	Fuengirola
K9-72	Ambulatorio	Fuengirola
K9-72	Col. Acapulco	Fuengirola
K9-72	Ctro. Salud	Fuengirola
K9-72	Ins. Bchto. El Boliche	Fuengirola

Coord.	Entidad	Población
K9-72	Parque	Fuengirola
K9-73	Parque Público	Fuengirola
K9-74	Aptos. La Residencia	Fuengirola
K9-74	Aptos. Pauli	Fuengirola
K9-74	Aptos. Sierramar	Fuengirola
K9-74	Aptos. Sohail	Fuengirola
K9-74	Oficina de Turismo	Fuengirola
K9-74	Urb. Puebla Lucía	Fuengirola
K9-75	Correos y Telégrafos	Fuengirola
K9-75	Estación de Autobuses	Fuengirola
K9-75	Estación de F.F.C.C	Fuengirola
K9-76	Ins. Social la Marina	Fuengirola
L1-70	Colegio	Fuengirola
L1-71	Col. Santa Fe de los Boliches	Fuengirola
L1-72	Aptos. Afrecha	Fuengirola
L1-72	Cjto. Res. Alhambra	Fuengirola
L1-72	Cjto. Res. Las Torres	Fuengirola
L1-73	Aptos. Yamasol	Fuengirola
L1-74	Club Nautico	Fuengirola
L1-75	Ins. Nacional Oceanógrafa	Fuengirola
L2-70	Cjto. Res. Lance del Sol	Fuengirola
L2-70	Urb. La Herencia	Fuengirola
L2-71	Apeadero RENFE	Fuengirola
L2-71	Iglesia Santa Fe	Fuengirola
L2-71	Iglesia Virgen del Campo	Fuengirola
L2-73	Ermita Ntra. Sra. Fátima	Fuengirola
N1-62	Benalmádena	Benalmádena
N1-62	Benalmadena Costa	Benalmádena
N4-58	Col. Público La Leala	Benalmádena
N4-59	Campo de Fútbol El Tomillar	Benalmádena
N4-59	Col. Público El Tomillar	Benalmádena
N4-59	Res. Almudena	Benalmádena
N4-59	Urb. Solimar Alto	Benalmádena
N4-59	Urb. Zodiaco Corinto	Benalmádena
N4-61	Aptos. Benal Playa	Benalmádena
N4-61	Aptos. Benal Playa II	Benalmádena
N4-61	Aptos. Benal Playa III	Benalmádena
N4-61	Cjto. Roca Beach	Benalmádena
N4-61	Parque de las Palomas	Benalmádena
N5-58	Aptos. La Leala	Benalmádena
N5-59	Aptos. Don Jimeno	Benalmádena
N5-59	Aptos. Vista Azul	Benalmádena
N5-59	Clínica Virgen la Salud	Benalmádena
N5-59	Urb. La Maritersa	Benalmádena
N5-59	Urb. Miramar-Oasis	Benalmádena
N5-60	Aptos. Bonanza	Benalmádena
N5-60	Aptos. Don Daniel	Benalmádena
N5-60	Aptos. Leiro	Benalmádena
N5-60	Aptos. San Cristóbal	Benalmádena
N5-60	Aptos. Silica	Benalmádena
N5-60	Aptos. Torremar Alto	Benalmádena
N5-60	Cjto. Yolamar	Benalmádena
N5-61	Aptos. Carlota	Benalmádena
N5-61	Aptos. Las Naciones	Benalmádena
N5-61	Aptos. Los Cisnes	Benalmádena
N5-61	Aptos. Los Cisnes I	Benalmádena
N5-61	Aptos. Los Cisnes II	Benalmádena
N5-61	Aptos. Los Cisnes III	Benalmádena
N5-61	Aptos. Los Horizontes	Benalmádena
N5-61	Cjto. Granada	Benalmádena
N5-61	Cruz Roja	Benalmádena
N6-55	Esc. Sunny View	Torremolinos
N6-56	Urb. El Pinillo	Torremolinos
N6-57	Urb. Coto de Rosas	Torremolinos
N6-58	Aptos. Alegranza	Benalmádena
N6-58	Aptos. Uri-Zabes	Benalmádena
N6-58	Urb. Cantarrana	Torremolinos
N6-58	Urb. El Castillo	Torremolinos
N6-58	Urb. El Olivar	Torremolinos
N6-58	Urb. Princesa	Torremolinos
N6-59	Aptos. Puertosol	Benalmádena
N6-59	Correos y Telegrafos	Benalmádena
N6-59	Ctro. Com. Res. Benalmar	Benalmádena
N6-59	Iglesia Virgen La Salud	Benalmádena
N6-59	Urb. Pueblo Don Paco	Benalmádena
N6-60	Aptos. Diana II	Benalmádena
N6-60	Aptos. El Dorado	Benalmádena
N6-60	Aptos. Flamingos	Benalmádena
N6-60	Aptos. Ilusión	Benalmádena
N6-60	Aptos. La Marina	Benalmádena
N6-60	Aptos. Mayorla	Benalmádena
N6-60	Aptos. Orfeo Azul	Benalmádena
N6-60	Ctro. Comercial Res. Maryola	Benalmádena
N6-60	Ctro. Comercial Res. Ole	Benalmádena
N6-60	Servicios Médicos	Benalmádena
N6-60	Urb. Bellavista	Benalmádena
N6-61	Aptos. Conaima	Benalmádena
N7-55	Urb. Cerro El Toril	Torremolinos
N7-55	Urb. El Paraíso	Torremolinos
N7-56	Apeadero de El Pinillo	Torremolinos
N7-56	Estación FFCC El Pinillo	Torremolinos

Coord.	Entidad	Población
N7-56	Parque Empresarial El Pinillo	Torremolinos
N7-57	Iglesia	Torremolinos
N7-58	Cjto. La Jabega	Torremolinos
N7-58	Res. Campomanes	Torremolinos
N7-58	Supermercado Lidl	Torremolinos
N7-58	Torremolinos	Torremolinos
N7-58	Urb. El Saltillo	Torremolinos
N7-58	Urb. Santa Fe	Torremolinos
N7-59	Aptos. Alme	Benalmádena
N7-59	Aptos. Benasol	Benalmádena
N7-59	Aptos. Copi	Benalmádena
N7-59	Aptos. Costa del Sol	Benalmádena
N7-59	Aptos. El Ancla	Benalmádena
N7-59	Aptos. Los Porches	Benalmádena
N7-59	Aptos. Mar del Sur	Benalmádena
N7-59	Aptos. Montecarlo	Benalmádena
N7-59	Aptos. Saconia	Benalmádena
N7-59	Ctro. Comercial Res. Sol-Mar	Benalmádena
N7-59	Esc. Taller Municipal	Benalmádena
N7-59	Oficina de Turismo	Benalmádena
N7-59	Cjto. Saltimar	Torremolinos
N7-60	Aptos. Alay	Benalmádena
N7-60	Aptos. Diana I	Benalmádena
N7-60	Aptos. Ole	Benalmádena
N7-60	Aptos. Tamarindos I	Benalmádena
N7-60	Aptos. Tamarindos II	Benalmádena
N7-60	Aptos. Torremar	Benalmádena
N7-60	Capitanía del Puerto	Benalmádena
N7-60	Club Nautico	Benalmádena
N7-60	Ctro. Com. Res. Marina Plaza	Benalmádena
N7-60	Parque Submarino	Benalmádena
N7-60	Urb. Fuente Salud	Benalmádena
N8-54	Arroyo Cueva de la Higuera	Torremolinos
N8-54	Col. Palma de Mallorca	Torremolinos
N8-54	Ins. Nal. Enseñanza Media	Torremolinos
N8-54	Polideportivo	Torremolinos
N8-55	Urb. Montemar Alto	Torremolinos
N8-56	FFCC Fuengirola-Málaga	Torremolinos
N8-56	Urb. Montealto	Torremolinos
N8-56	Urb. Villavista	Torremolinos
N8-57	Aptos. Balcón II	Torremolinos
N8-57	Aptos. Pinar de Montemar	Torremolinos
N8-57	Cjto. Velesa de Montemar	Torremolinos
N8-57	Cjto. Villa Blanca	Torremolinos
N8-57	Urb. Villamarta	Torremolinos
N8-58	Ambulatorio	Torremolinos
N8-58	Aptos. Las Cumbres	Torremolinos
N8-58	Cjto. Carihuela	Torremolinos
N8-58	Cjto. Euromar	Torremolinos
N8-58	Ctro. Salud	Torremolinos
N8-59	Aptos. Vista Marina	Torremolinos
N8-60	Jardines del Puerto	Benalmádena
N8-61	Cruz Roja	Benalmádena
N9-52	Bº San Miguel	Torremolinos
N9-53	Ayuntamiento	Torremolinos
N9-53	Bº Calvario	Torremolinos
N9-53	Bomberos	Torremolinos
N9-53	Col. La Paz	Torremolinos
N9-53	Colegio	Torremolinos
N9-53	Cuartel Guardia Civil	Torremolinos
N9-53	Iglesia	Torremolinos
N9-53	Iglesia Cristo Resucitado	Torremolinos
N9-53	Iglesia San Miguel	Torremolinos
N9-53	Mercado Municipal	Torremolinos
N9-53	Plaza de Toros	Torremolinos
N9-53	Policía Local	Torremolinos
N9-53	Protección Civil	Torremolinos
N9-54	Consejería Asuntos Sociales	Torremolinos
N9-54	Ins. Bchto.	Torremolinos
N9-54	Junta de Andalucía	Torremolinos
N9-54	Urb. El Pozuelo	Torremolinos
N9-55	Apeadero de Montemar Alto	Torremolinos
N9-55	Aptos. La Cascada	Torremolinos
N9-55	Aptos. Las Torres	Torremolinos
N9-55	Aptos. Pino Real	Torremolinos
N9-55	Res. Yucay	Torremolinos
N9-55	Urb. Parque Torremolinos	Torremolinos
N9-56	Aptos. Bastión	Torremolinos
N9-56	Aptos. La Baranda	Torremolinos
N9-56	Ermita Ntra. Sra. de la Paz	Torremolinos
N9-56	Parque de la Batería	Torremolinos
N9-56	Res. La Sirena	Torremolinos
N9-57	Cjto. Atria	Torremolinos
N9-57	Cjto. Res. Doña Carlota	Torremolinos
N9-57	Cjto. Res. Pez Espada	Torremolinos
N9-57	Res. Oca Blanca	Torremolinos
N9-57	Urb. Eurosol	Torremolinos
N9-58	Cjto. Res. Dalí	Torremolinos
N9-58	Cjto. Res. Montemar Puerto	Torremolinos
O1-50	Pal. de Exp. y Congresos	Torremolinos
O1-50	Torremolinos	Torremolinos